D1701354

Sei heiter und gelassen!

Jochen Niemuth

Sei heiter und gelassen!

Jochen Niemuth

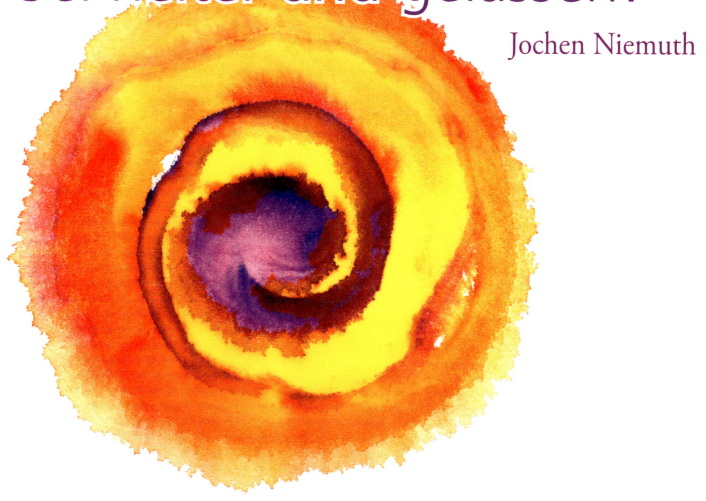

Für ihre Ermutigungen und Inspirationen, sowie für das Durchsehen des Manuskripts möchte ich mich ganz besonders bei Maria Niemuth und Lisa Schrems bedanken. Es war ein Geschenk des Himmels, die Hilfsbereitschaft, Neugier und Begeisterung zu spüren und zu erhalten, die das Entstehen dieses Buches begleitet haben.

Jochen Niemuth

Bibliografische Information Der Deutschen Bibliothek
Die Deutsche Bibliothek verzeichnet diese Publikation in
der Deutschen Nationalbibliografie;
detaillierte bibliografische Daten sind im Internet über
http://dnb.ddb.de abrufbar.

© 2009 EMiL – edition mitten im leben
die edition EMiL erscheint im Röll-Verlag, Dettelbach.
Alle Rechte vorbehalten. Vervielfältigungen aller Art, auch
auszugsweise, bedürfen der Zustimmung des Verlages.
Gedruckt auf chlorfreiem, alterungsbeständigem Papier.
Gesamtherstellung: Verlag J.H. Röll GmbH
Umschlagbild: Jochen Niemuth

Printed in Germany

ISBN: 978-3-89754-807-7

Dieses Buch von Jochen Niemuth ist aus einer tiefen spirituellen Erfahrung heraus geschrieben. Wer am Morgen einen Abschnitt aus diesem Buch liest, geht mit einer inneren Heiterkeit in den Tag und schaut gelassen auf die Probleme des eigenen Lebens. Er erfährt eine neue Deutung seiner Existenz und wird selbst seinen Tod neu sehen lernen.
Jochen Niemuth geht seit langem den spirituellen Weg mit mir. Ich weiß daher, dass dieses Buch aus einer tiefen Erfahrung heraus geschrieben ist. Es kündet von der Weisheit, die er erlebt hat und selbst lebt. Das Buch kann vielen Menschen zu einer einzigartigen Lebenshilfe werden. Darum wünsche ich, dass es viele Menschen erreicht.

Willigis Jäger

Liebe Freundin! Lieber Freund! …

… *Sei heiter und gelassen und lass dir Gutes widerfahren! In dir ist Lust auf Leben, und das ist ein wahrhaft herrliches Gefühl.* Lass dich ganz davon durchtränken und lebe darin! Genieße diese Freude – dieses Glück, das dich nun überkommt! Es ist wie ein göttliches Elixier.

… Stelle dir vor, ein wunderbares, köstliches Gefühl von Heiterkeit und Freiheit umgibt dich wie eine Lichtwolke. *Du bist ganz eingehüllt von Lebenslust, Freude und jugendhafter Energie.* Bleibe den ganzen Tag in diesem Gefühl! Nimm es überall hin mit! Wenn du es einmal aus den Augen verlierst, dann rufe es sofort wieder in dir wach!

… Du befindest dich in einem herrlichen Aufwärtstrend. *Die Existenz gibt dir Rückenwind, und du fliegst förmlich hinein in dein Glück.* Ein Himmel voller Licht und Freude öffnet sich für dich, und deine geheimsten Wünsche werden gefahrlos für dich wahr. *Ist das nicht wunderbar?!* – Ja! Das ist es in der Tat!

Liebe Freundin! Lieber Freund! …

… *Sei heiter und gelassen!* Das Leben zeigt dir manchmal vielleicht ein grimmiges Gesicht. Lass dich nicht täuschen und nicht einschüchtern. Blicke gelassen zurück – und wenn es dir möglich ist mit einem Lächeln auf den Lippen. *Das Leben meint es nicht böse.* Es übertreibt halt manchmal ein wenig.

… *Stelle dir vor, du seiest ein Kelch, angefüllt mit der Güte Gottes.* Gott hat dir sogar mehr gegeben, als du für dich brauchst – ja, mehr als du zu fassen vermagst. Und immer noch gießt Er unaufhörlich nach. *Du fließt über. Du verströmst dich.* Du verschenkst diesen köstlichen Wein wie eine überfließende Quelle. Allen Lebewesen wird dadurch geholfen.

… *Du selbst bist wie eine Sonne in deinem eigenen Universums. Du bist eine Königin – oder ein König – in deinem eigenen Reich.* Regiere liebevoll und gütig – und *strahle Freude aus.* Weil du eine der Urquellen Gottes bist, wird nur Göttliches aus die herausströmen – zum Wohle aller Wesen.

Liebe Freundin! Lieber Freund! …

… *Lass dich vom Leben tragen! Lass dich mit allem Guten versorgen*, und schwimme nicht ständig gegen die Strömung. Spüre, wohin dein Leben fließen will und gehe mit ihm! Gib dich in seine Arme! Vertraue dich ihm an! Dann wird alles mühelos und voller Freude sein. *Das Leben ist leicht!* Es ist kein Kampf und keine Strapaze. Glaube doch nicht solchen Blödsinn!

… *Wenn du in Liebe bist* – beobachte es einmal! – *fühlst du dich irgendwie leichter.* All das Schwere ist von dir abgefallen und du beginnst zu fliegen. *Fliege hinein in den Himmel der Liebe! Sei frei wie ein Vogel und fliege!*

… *Dein Wunsch nach Liebe wird heute wunderbar erfüllt. Du erhältst Zuneigung und zärtliche Berührung* – gerade so, wie du es dir ersehnt und erträumt hast. Welch ein herrliches Glück das ist! Welch ein Geschenk! Du bist wirklich beneidenswert. Ich gratuliere!

Liebe Freundin! Lieber Freund! …

… *Wenn du voller Hoffnung bist und große Erwartungen hast, bist du wunderschön.* Ein neuer Wind weht durch deinen Geist, und frische, vitale Gedanken beleben dich. Auch dein Leib bekommt eine herrliche Strahlkraft und Anmut. *Gute Hoffnungen sind einfach gesund.*

… *Betrachte dein Leben einmal wie einen wunderbaren Traum, der irgendwie wahr geworden ist.* Er ist ganz wirklich, und er wächst und entfaltet sich weiter an jedem Tag und in jedem Augenblick. Alle Träume sind so. Zerstöre sie nicht, sondern wache in ihnen auf und werde dir ihrer bewusst. Jetzt kannst du selbst entscheiden, wie du sie weiterträumen willst.

… *Lass deine Gedanken Diener deiner Weisheit sein. Weisheit ist göttliche Einsicht, die aus dem Herzen strahlt.* Stelle all dein Denken in die Dienste des Herzens, und du wirst eine stetig wachsende Erfüllung und Erleuchtung erfahren.

Liebe Freundin! Lieber Freund! …

… *Dein Leben wird von einer tiefen, freudevollen, kreativen Kraft durchdrungen.* Jede Zelle, ja, jedes Atom lebt durch sie. In Wahrheit ist sie das Leben selbst. – *Öffne dich dieser Kraft! Vertraue ihr! Gib dich ihr hin!* So wird etwas absolut Unvorhersehbares, Beglückendes, Göttliches geschehen. Fürchte dich nicht! *Die Schöpferkraft ist heilig.*

… *Rufe die Kraft der Kreativität an!* Bitte sie doch, noch klarer und stärker in dir und deinem Leben zu wirken! *Sei bereit, alle festgefahrenen Wege zu verlassen und neue, schöpferische Bahnen zu betreten.* Dein Leben wird reicher, abenteuerlicher und viel erfüllter dadurch.

… *Wie viel Gutes dir doch geschieht! Wie viel Liebe und Zuwendung du doch erhältst – an jedem Tag neu!* Die Sonne scheint dir auf die Nasenspitze, und ein frischer Wind bläst all die unliebsamen Gedanken aus deinem Geist. Sei dankbar für die Gnade, die du empfängst! *Sei dankbar, dass alles so gut läuft in deinem Leben!*

Liebe Freundin! Lieber Freund! …

… Bei allem, was dir widerfährt: bleibe heiter und gelassen! Wann hat dir jemals eine unnötige Erregtheit genutzt? Oft wird es nur schlimmer dadurch. Wenn du dich einmal richtig ärgern willst, dann tu es ruhig, aber *kehre schnell wieder zurück zu deiner Heiterkeit und deinem frohen, lachenden Gemüt.*

… Wisch jetzt die ganze Last deiner Sorgen weg! *Da ist etwas unglaublich Schönes und Heiliges, das in dir durchkommen will,* und diese elenden Sorgen und Ängste stellen sich nur in den Weg. Lasse sie los! Schüttle sie ab! Du kannst das! *Zieh deine Kleider aus und tanze nackt in der Sonne!*

… Beschließe doch, heute einfach glücklich zu sein *und zu bleiben* – was auch geschieht! *Schiebe dein Glück nicht auf die lange Bank. Fordere es jetzt ein – sofort! In diesem Augenblick!* Warte nicht, bis „alles in Ordnung kommt" – denn diesen Tag wirst du nie erleben. *Sei jetzt glücklich* – und plötzlich ist die ganze Welt erfüllt mit Zuversicht, Sonnenschein und gutem Mut.

Liebe Freundin! Lieber Freund! ...

... *Das Universum ist übervoll von Liebe, Glück und Segen.* Lade all dies zu dir ein und freue dich an der Schönheit und Güte des Lebens. Alles steht reichlich zur Verfügung. *Dies alles gehört wirklich dir! Du bist ein wahrer Glückspilz, denn in deinem Leben herrscht Überfluss an all den guten Dingen,* die du brauchst und willst.

... Stelle dir einmal vor, in deinem Körper wären unzählige Glückssamenkapseln verborgen. Gerade jetzt brechen sie auf und beginnen, sich in dir zu entfalten. *Eine selige Heiterkeit und Freiheit durchfluten dich. Welch eine unfassbare Freude! Welch ein Glück!* Alle Sorgen und Schmerzen sind aufgelöst. – Du selbst bist eine solche Glückskapsel und segnest und erfreust die ganze Welt.

... Dein Wachstum und deine Entfaltung geschehen mühelos und voller Freude. *Du bewegst dich in einem Kraftfeld der Liebe, und so ist es ein Leichtes für dich zu gedeihen und dich wahrhaft wohl zu fühlen.* Unaufhörlich geschehen wunderbare Dinge in deinem Leben, die dich ermutigen und inspirieren.

Liebe Freundin! Lieber Freund! …

… Sei klug und bereite dich auf deine Zukunft vor. *Säe jetzt die Glücks- und Erfüllungssamen aus, deren Früchte du morgen ernten willst.* Schicke freundliche Boten in die Zukunft, die dir den Weg ebnen und alle Gefahren beseitigen. Das ist leicht möglich, und es macht Spaß.

… Manchmal wird dir gesagt: „Erwarte nicht zu viel vom Leben!" Das ist ein unsinniger Ratschlag. *Erwarte das Beste – das Allerbeste! Warum sich mit Halbheiten zufrieden geben? Erwarte das Beste*, und wenn dann nicht alles genau so eintritt, wie du es dir gewünscht hast, kannst du dich immer noch an dem erfreuen, was du bekommen hast.

… Was wünschst du dir in diesem Moment? Überlege nicht allzu lange, denn der Augenblick vergeht wie ein Tautropfen im Sonnenlicht. *Wünsche dir von ganzem Herzen glücklich zu sein und eine selige Erfüllung!* Lass die Glücksfunken nur so fliegen und erfülle die ganze Umgebung damit – und dann tauche ein in den nächsten glücklichen Moment!

Liebe Freundin! Lieber Freund! …

… Wenn dein Geist klar ist und du weißt, was du willst, wird dein Tag dir viel mehr Stunden und Gelegenheiten bieten, dich erfolgreich und glücklich zu fühlen. Du musst nicht so viel Zeit aufwenden, um dich mit all deinem ungeklärten Kram herumzuschlagen. Eine neue Leichtigkeit und eine herrliche Entschlossenheit werden dich tragen und beflügeln.

… Halte deine Aufmerksamkeit klar und kraftvoll bei dem, was du willst! Spüre, wie stark, herrlich und wohltuend deine innere Richtung ist! Spüre, wie gut du in dem verankert bist, was dich glücklich macht, und bekräftige dies! *Sei stolz auf dein Glück!*

… Wenn dein Gefühl gut ist und du eine Welle von Stimmigkeit und Wohlbefinden in dir spürst, dann bist du im Einklang mit deinem ursprünglichen Wesen. Deine Freude ist das Indiz. Du wirst es klar erkennen, wenn du dich erfüllt fühlst. *Es ist ein Hochgefühl deiner Natur zu folgen und das zu tun, was dir Freude bereitet.*

Liebe Freundin! Lieber Freund! …

… Erlaube dir zu träumen und durch deine Visionen den Weg für deine Zukunft – für ein wahrhaft erfülltes Leben – zu ebnen! Wage es, tapfer voranzuschreiten, auch wenn du noch unbekanntes Land und unwegsame Gegenden betreten musst! *Glaube fest an dein Leben und folge deinem Traum – und bleibe stets heiter und gelassen!*

… *Heute wirst du nur die Erfahrungen machen, die du wirklich machen willst. Du wirst sehen, was du sehen willst und hören, was du hören willst. Der ganze Tag wird sich so einrichten.* – Gehe doch einfach davon aus, dass sich alles zu deinem Besten entwickelt. Vielleicht wird es ja wirklich so. Gib dieser Vorstellung doch eine Chance!

… *In deinem Leben zählt die Qualität*, nicht die Quantität. *Koste jeden Augenblick voll aus, denn er trägt ein Geheimnis in sich.* Sei freundlich zu den Lebewesen, und sei freundlich zu dir selbst – doch lass dich nicht ablenken und in die Irre führen. *Genieße die Herrlichkeit und Tiefe deines Lebens jetzt-und-hier* und *bleibe heiter und gelassen!*

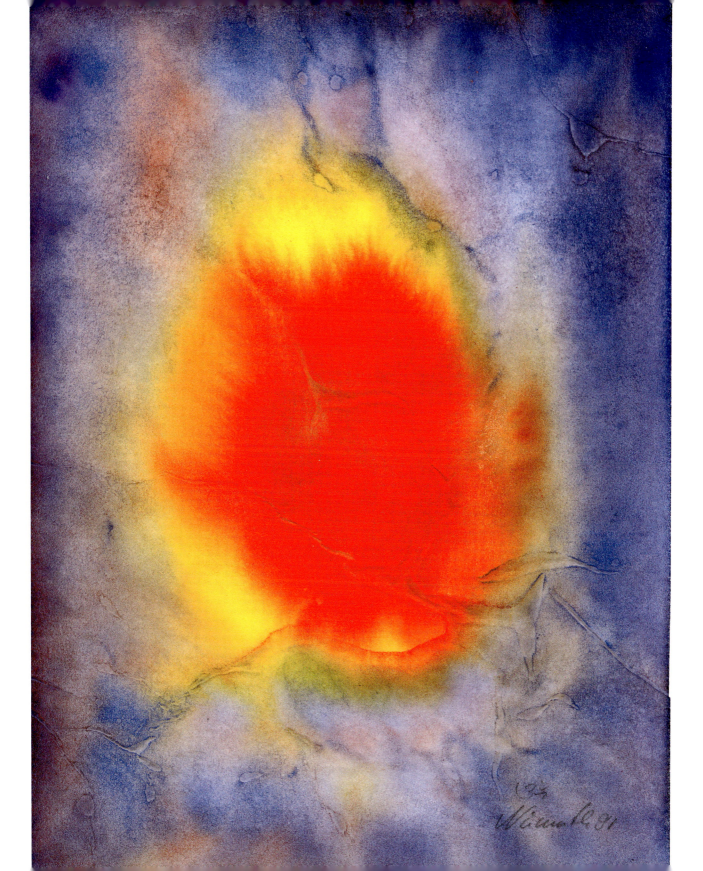

Liebe Freundin! Lieber Freund! …

… Mach die Dinge nicht so kompliziert! *Werde still – ganz still – und spüre, wie der Friede hinter all dem Chaos waltet.* Der Frieden ist einfach und gesund. Er schenkt dir Kraft und Zuversicht, und du erkennst, dass alles halb so schlimm ist. Ja, *eigentlich gibt es gar kein Problem.*

… Dein Leben, ganz egal, wie es jetzt aussieht, ist eine wertvolle Erfahrung. *Du lernst unglaublich viel und wächst dabei – einfach, indem du lebst. Jede Erfahrung ist wertvoll.* Jedes Gefühl und jede Einsicht bringt dich näher zu dir selbst. *Vertraue dem Leben.* Es meint es gut mit dir. *Vertraue dir selbst!*

… Achte auf deinen Gemütszustand! *Bleib fröhlich! Sei guten Mutes und bleibe stets heiter gestimmt!* Wenn es dir gut geht, kannst du auch für andere da sein und ihnen helfen. *Dein Glück wirkt sich auf sie aus. Deine Liebe strahlt und leuchtet.* Achte immer auf deinen Geist und lass dich durch nichts beunruhigen! *Bleib gelassen!*

Liebe Freundin! Lieber Freund! …

… *Habe doch keine Angst, einmal zu versagen!* „Erfolge" und „Niederlagen" sind letztlich nur Kategorien deines Verstandes. Sorge dich nicht im Geringsten! Jeder scheitert dann und wann einmal, doch oft stellt sich eine vermeintliche Niederlage später als ein großes Glück heraus. Vertraue also! *Das Leben ist weise. Es kennt Wege, von denen du noch gar nichts weißt.*

… Blockiere dich nicht mit Selbsthass, Bedauern oder unsinnigen Zweifeln an deinen Fähigkeiten. *Du kannst! Ganz eindeutig! Du kannst ohne weiteres all deine Angelegenheiten zum Guten entwickeln.* Glaube nicht, dass deine Ängstlichkeit deiner Natur entspricht. *Du bist mutig, und das, was dir wirklich wichtig ist, wird dir auch gelingen.*

… Habe keine Angst, abgeurteilt zu werden. Mutige Menschen finden schnell ihre Kritiker, Gegner und Neider. Achte nicht weiter auf sie, denn du hast keinen Ruf zu verlieren. *Besinne dich* viel mehr *auf deine Schöpferkraft und deine Lust am Leben. Fürchte dich nicht! Den Mutigen gehört die Welt.*

Liebe Freundin! Lieber Freund! …

… Dankbarkeit ist ein Bedürfnis und ein natürlicher Zustand deiner Seele. *Sei zutiefst dankbar, dass du atmen kannst, und dass du lebst.* Entfalte dich und erblühe auf dieser herrlichen und wunderschönen Erde. Es ist ein großes Privileg, als Mensch – als eben dieser Mensch – geboren zu sein. *Sei einfach dankbar und voller Freude!*

… *Lass dein Denken und Handeln von Weisheit, Herzensgüte und Dankbarkeit durchdrungen sein.* Nur wenn du liebst, kannst du klare Urteile treffen und die Dinge so sehen, wie sie wirklich sind. *Handle stets aus der Liebe heraus. Handle zum Wohle aller Wesen.*

… *Urteile nicht sofort, sondern liebe viel mehr!* Verzeihe und liebe dein Gegenüber und dich selbst. Was weißt du schon wirklich von deinem Bruder oder deiner Schwester? Was weißt du wirklich von dir selbst? Die Liebe allein wird dein tiefstes Wissen zutage fördern und es dir auch bewusst machen. *Die Liebe ist der Weg Gottes.*

Liebe Freundin! Lieber Freund! …

… *Wann immer du liebst, verleihst du Gott Wirkkraft.* Die Liebe ist die einzige Weise, wie Gott in dir und durch dich wirken kann. Doch es gibt viele Arten zu lieben und unzählige Weisen, die Liebe zum Ausdruck zu bringen – denn *Liebe ist schöpferisch.* Stelle dich nicht in den Weg! *Liebe also! Lass jetzt die Liebe fließen und überlasse den Rest Gott.*

… Was immer du von ganzem Herzen liebst, kann dir nicht wirklich genommen werden. *Liebe heißt „Nicht-Trennung".* Liebe bedeutet, dass du Kontakt hast – Verbindung – ja Verschmelzung sogar. Was immer du liebst, wird leben und am Leben bleiben, auch wenn es tausend Tode sterben muss. *Die Liebe ist das Leben selbst.*

… Verbinde dich jetzt mit dem zarten Rosa der Morgendämmerung und spüre: *das bist du!* Verbinde dich mit den taubesetzten Blütenkelchen in deinem Garten und spüre: *das bist du!* Fühle nun, wie warm und freundlich die ersten Sonnenstrahlen die Erde küssen und das schlafende Leben wecken, denn ein neuer Tag ist angebrochen. *Dieses Leben, das jetzt gerade erwacht, bist du!*

Liebe Freundin! Lieber Freund! …

… Es ist jetzt Herbst, und die Blätter der Bäume beginnen sich wie durch Zauberhand zu färben und nach und nach abzufallen. *Auch deine Seele hat ihre Jahreszeiten.* Es gibt Phasen des Wachsens und Blühens, Zeiten der Reifung und Zeiten des Loslassens. Auch Ruhen und Nichtstun sind wichtig, denn nur so kannst du dich erholen und auf einen neuen Frühling vorbereiten.

… *Stelle dir das Universum wie ein höchst sensibles, hilfsbereites und intelligentes Lebewesen vor. Es spürt dich.* Es nimmt dich deutlich wahr mit all deinen Wünschen und Nöten. Es weiß, was in dir vorgeht und will dir helfen. Öffne dich diesem helfenden und heilenden Universum und lasse seine Kräfte für dich wirken! *Die Existenz mag dich – ja, sie liebt dich sogar.*

… Spürst du, wie gerade jetzt ein süßer Atem von Liebe und Vertrauen durch deinen Körper strömt? *Da ist ein goldenes, heilendes Licht, das in dir tanzt und dich durchflutet. Du bist wahrhaft gesegnet* – durch und durch. Das kannst du dir gar nicht oft genug bewusst machen.

Liebe Freundin! Lieber Freund! ...

... Auch wenn der Regen fällt und kühle Nebel durch die Äste ziehen, kannst du die Schönheit der Natur spüren. *Lerne, deine Abgeschiedenheit zu schätzen!* Lerne, die Stille deines Geistes zu lieben!

... Hör nur! Der Klang des Herbstregens ist eine Wohltat für dein Gemüt. *Alles Schwere ist vergessen und eine unendliche Zartheit und Schönheit tritt in deinen Geist.* Welch ein wunderbares, sanftes Lied dies ist! *Höre auf das Lied des Regens!*

... Siehst du, wie sanft und freundlich das Abendlicht durch die Äste strahlt? *Es liegt ein großer Segen in der Luft. Die Atmosphäre ist voller Liebe.* – Gib deine Liebe mit hinein und freue dich an dem Glanz und an der Schönheit und dem Frieden!

Liebe Freundin! Lieber Freund! …

… Lass los, damit du wachsen kannst. *Lass alle Hindernisse los und alles, was dich unglücklich und schwer macht.* Warum willst du dich immer so niederdrücken lassen? Entspanne doch und gib alles in Gottes Hand! Glückseligkeit kann sich nur in ein offenes, entspanntes Gemüt ergießen.

… Gib Enttäuschungen und Frustrationen jetzt keinen Raum mehr in deinem Geist. Lass es nicht zu, dass Hoffnungslosigkeit und Niedergeschlagenheit sich bei dir einschleichen. *Dein Leben soll fließen – frei und ungebunden, ohne Schranken!* Nichts ist wichtiger als die Schönheit und Freude deiner Existenz.

… Erkenne, wie Schönheit und Güte in deinem eigenen Herzensgarten blühen und duften. *In dir ist eine geheime Welt, die ganz aus Glückseligkeit besteht.* Entdecke sie! Sie ist keine Illusion. Dein Herzensgarten ist so real wie jeder andere Garten – ja, er ist sogar noch kraftvoller und wirklicher. Doch du musst ihn suchen und in dir entdecken.

Liebe Freundin! Lieber Freund! …

… Jedes Lebewesen birgt eine unendliche Schönheit in sich. Diese Schönheit lässt sich nicht vergleichen mit irgend etwas anderem. Sie ist strahlend und göttlich in ihrer eigenen Art. *Spüre deine Schönheit und bringe sie mehr und mehr zum Ausdruck! Lasse sie leuchten und offenbar werden in dir!* Lass sie erblühen!

… *Sei heiter und gelassen und genieße diesen Tag!* Erlaube dir Genuss bei allem, was du tust. Das Leben ist reich und will dir seine Kostbarkeiten schenken. Nimm sie doch an und weise die Freuden des Daseins nicht zurück. *Würdige das Leben und trinke jeden Augenblick bis zur Neige aus!*

… Durch die vielen unterschiedlichen Erfahrungen und Erlebnisse, die du auf deinem Lebensweg machst, kann deine Seele wachsen und sich entfalten. *Ein Teil von dir – ein innerer Herzensaspekt – sehnt sich jedoch danach, mit der Ursprungsquelle wieder zu verschmelzen.* All dies wird dir geschehen.

Liebe Freundin! Lieber Freund! …

… *Lebe vollkommen im Glück und in der Liebe* – und Tausende um dich herum werden inspiriert und geheilt werden. *Du bist ein Segen für die Welt, wenn du voller Glück bist.* Du bringst die Gnade Gottes vom Himmel herab, wenn du voller Liebe bist. *Lebe vollkommen im Glück und in der Liebe!*

… *Du bist ein Universum der Fülle und des Lichts.* Du bist eine ganz eigene Welt, die sich in jedem Augenblick neu gestaltet und verändert. *Du kannst wachsen und blühen – und das tust du auch.* Gleichzeitig bist du mit unzähligen anderen Wesen und Welten verbunden, die nun irgendwie auch Teil von deiner Welt sind – und umgekehrt.

… *Richte dich auf die lebensspendende Quelle des Universums aus.* Trinke von diesem Nektar und erfrische dich in jedem Augenblick neu daran. *Freue dich und lass deine Freude und Dankbarkeit strahlen* – denn Freude steckt an. So wirst auch du zu einer lebensspendenden Quelle und hilfst mit, dieses wunderbare Universum zu erhalten.

Liebe Freundin! Lieber Freund! ...

... *Lass dich nicht von den Gedanken anderer beherrschen – auf keinen Fall!* Lass dich nicht binden und begrenzen oder von den Gesetzen und Dogmen irgendwelcher Institutionen einengen, mögen sie auch heilig und erhaben daherkommen. – Du kannst selbst denken. Das weißt du doch! Du kannst selbst spüren, was dir gut tut! *Sei voller Achtsamkeit und folge deinem eigenen Herzen!*

... Wenn deine Freunde andere Vorhaben verfolgen und andere Wünsche haben als du, dann lass sie doch! Wünsch ihnen Glück und überlasse sie sich selbst. *Nicht jeder kann und will die Wege beschreiten, die du beschreiten willst. Du wirst neue Weggefährten finden* und deine alten Freunde vielleicht bei anderen Gelegenheiten wieder treffen.

... Du kannst andere nicht gegen ihren Wunsch erlösen. Du kannst andere in keiner Weise dazu zwingen, ihr Leid zu beenden, wenn sie dies nicht von sich aus wollen. Doch *du kannst ein strahlendes Beispiel der Freude sein – ein Mensch des Glücks und der Liebe.* Du kannst ein Signal der Hoffnung und der Begeisterung geben, das auch andere anspornt und inspiriert.

Liebe Freundin! Lieber Freund! …

… Wenn du siehst, dass deine Freunde leiden, dann öffne dein Herz und hilf ihnen. Hilf ihnen mit deinem Mitgefühl und deiner Liebe. Lass neue Zuversicht zu ihnen strömen und baue ihren guten Mut wieder auf. Nimm der Tragik ihres Leides die Spitze, so dass alles ein wenig leichter wird. Vielleicht ist es ein Wort, ein Blick, eine Umarmung oder einfach ein stiller Segen, den du schenken kannst.

… Hast du schon einmal einen Baum umarmt? Tu es einmal! *Umarme einen kleinen Baum oder einen großen Baum, und spüre den Segen, den er dir schenkt.* Schenke auch du ihm deinen Segen und deine Liebe und umarme auch die Menschen, die in deiner Umgebung sind. *Umarme alle Lebewesen – groß oder klein!* Nimm sie alle auf in deinem Herzen!

… Hast du dich schon einmal gefragt, ob auch in dir die Kräfte des Heilens schlummern? Jeder Mensch hat viele verborgene Qualitäten, von denen er vielleicht noch gar nichts weiß. Spüre nach und beobachte einmal. *Dein Inneres hält Ahnungen und Intuitionen für dich bereit.* Folge diesen Hinweisen! *Entwickle dich! Entfalte dein Potenzial! Teile es mit deinen Freunden!*

Liebe Freundin! Lieber Freund! …

… Freue dich wie ein kleines Kind über das, was du bist. *Akzeptiere dich! Liebe dich! Nimm dich so an, wie du bist – denn du bist wundervoll!* Du bist ein Kind Gottes. – Alle Menschen sind so, und doch sind sie anders als du. Aber gerade, weil du dich angenommen hast, wie du bist, kannst du ganz gelassen auch die anderen annehmen, wie sie sind.

… Wenn du „*Ja!*" zu dir sagst, kannst du wachsen, und wenn du wächst, dehnst du dich aus und bist glücklich. Freue dich also und *sage „Ja!" zu dir* – kraftvoll, laut und mit voller Überzeugung! *Alles an dir ist gut – sehr gut sogar. Sage „Ja!" zu dir selbst und zu deiner Welt.*

… Ist dir überhaupt schon aufgefallen, dass das Universum „*Ja!*" zu dir sagt? Es spricht ein freudiges „*Ja!*" – und zwar an jedem Tag neu – in jedem Augenblick. Anders könntest du gar nicht leben. *Die Existenz mag dich. Sie hat dich hervorgebracht. Sie liebt dich aufrichtig und tief. Du bist ihr keineswegs egal.*

Liebe Freundin! Lieber Freund! …

… Alles-was-ist ist eine Gestalt Gottes. Wen immer du triffst und was immer du erlebst: *es ist immer Gott. Auch du bist Gott* – so wie jedes Lebewesen nichts anderes als Gott ist – in eben dieser Gestalt. *Begrüßt euch wie Geschwister!* Seid voller Liebe und Zuneigung zueinander! Helft euch wie sich Organe in einem Organismus helfen. *In Wahrheit sind wir alle eins.*

… Tu etwas, bei dem jeder gewinnt! Du gewinnst – und auch alle anderen. Wenn alle gewinnen, gibt es keine Verlierer, und du entrinnst dem Spannungsfeld der Dualität. *Freue dich!* Niemand verliert, wenn du dich freust. *Liebe!* Niemand wird etwas verlieren, wenn du liebst. *Feiere diesen Augenblick und sage „Ja!" zu dir selbst!*

… Sei ein lachender „Ja!-Sager"! Sei wie das Leben selbst – wie die Natur. Das Leben erlaubt sich die verrücktesten Dinge, einfach, weil es Spaß und Freude daran hat. Es sagt und singt unaufhörlich „Ja!". Warum sollte es auch verdrießlich sein und sich der Freude verweigern? Weder das Leben noch die Natur sind so.

Liebe Freundin! Lieber Freund! …

… Wenn du der Welt etwas Gutes tun willst, dann tu einfach etwas Gutes. Es ist so einfach, wie es ist. Fördere das Gute! Beginne irgendwo! Schätze, verehre und pflege das Gute! *Das ist doch gar nicht so schwer.*

… Wenn du dir etwas Gutes tun willst, dann *sammle ein paar süße Träume in deinem Geist. Lass sie in dir spielen!* Lass sie tanzen! Lass sie dich entzücken und erfrischen! *Du wirst sehen, wie gut das ist.*

… Alle Farben des Regenbogens spielen und tanzen in dir. Es sind die göttlichen Funken des Seins – die Qualitäten deiner Seele. Es sind *Liebe, Freiheit, Schönheit, Weisheit, Gerechtigkeit, Friede und Glück.* Freu dich an diesen Funken und Farben! *Sie sind wunderschön!*

Liebe Freundin! Lieber Freund! …

… *Der Urgrund der Existenz ist unendlich reich.* Er ist wahrhaft unerschöpflich, und *du kannst dir ohne Bedenken so viel vom Guten nehmen, wie du willst.* Es herrscht ein Überfluss an *Liebe und Glückseligkeit. Es ist absolut genug für alle da* – ja mehr noch, unendlich viel mehr. Was *Liebe* angeht – und auch *Freude, Schönheit und Friede* – ist Bescheidenheit fehl am Platz.

… Du bist ein freies Wesen und kannst in jedem Augenblick frei wählen. *Wähle doch Gesundheit, Erfüllung und Weisheit! Wähle Glück, Schönheit und Liebe!* Mach jetzt von deinem freien Willen Gebrauch! Beschränke dich nicht! *Du bist ein Kind Gottes.*

… Nun ist es an der Zeit, dass *Erfolg und Segen in dein Leben strömen.* Du hast dich aufrichtig bemüht, und alle guten Gaben fließen dir nun zu. *Sei dankbar für das Gute, das dir nun geschieht.* Es ist vollkommen natürlich, erwünscht und gerecht.

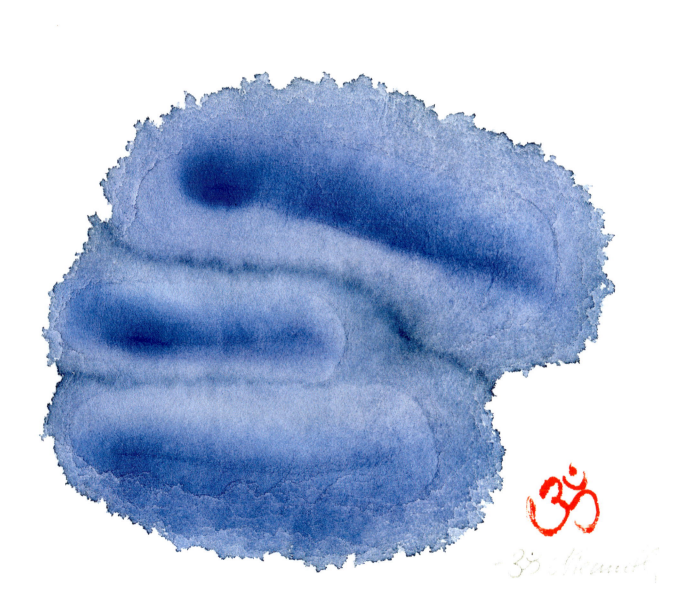

Liebe Freundin! Lieber Freund! …

… Mache dir eines klar: *wenn du etwas tust, veränderst du die Welt. Was immer du aussprichst und sagst, verändert deine Welt. Was du denkst, verändert deine Welt. Und was du fühlst, verändert deine Welt.* Übe daher Achtsamkeit! Sei nicht nachlässig! Es geht um dein Leben und um deine Welt.

… Betrachte deinen Lebensweg und erkenne, dass er das Resultat deines schöpferischen Geistes ist. Deine Gedanken, Überzeugungen und inneren Bilder legen die Kraftlinien aus, an denen sich dein Leben orientiert. *Sieh genau hin und sage „Ja!" zu dem, was du bist.*

… Sorge dich nicht, dass du in diesem ernsten und engen Getriebe der Zeit zu kurz kommst. Fordere dein Recht und *schaffe dir Raum zum Spielen!* Die Freude kann nur im Entspannen erblühen, und das Herz wird nur in einer freundlichen und liebevollen Atmosphäre lächeln und sich entfalten. *Bleibe heiter und gelassen!*

Liebe Freundin! Lieber Freund! …

… *Wenn du deine innere Welt spüren und erforschen willst, musst du deine tausend Gedanken ein wenig beruhigen.* Entlasse sie in den freien Raum – dort, wo Stille und Friede herrschen. Halte all deine Sorgen und Ängste in die Leere hinein. Sie werden sich schnell auflösen und du kannst ungehindert nach innen blicken. *Die Sicht ist jetzt frei.*

… *Führe deinen Geist an einen Ort der Macht und der Liebe, und lade ihn mit der Energie auf, die dort herrscht. Das Universum ist gerne bereit, dich mit Freude und Kraft zu stärken. Es wünscht sich, dass deine Vorhaben gelingen*, denn dadurch trägst auch du zu seinem Reichtum bei.

… *Verbinde deine eigene Mächtigkeit mit der Macht des Universums.* Eine unermessliche, wunderbare Quelle der Energie steht dir zur Verfügung. Nutze dies! *Feiere deinen Erfolg!* Lass dich nicht von Niederlagen oder Zurückweisungen entmutigen! *Die Existenz steht auf deiner Seite und wird dir helfen.* Du kannst all deine Ziele leicht und gefahrlos erreichen.

Liebe Freundin! Lieber Freund! …

… *Das Universum nimmt dich so, wie du bist.* Es urteilt nicht über dich, und es richtet dich auch nicht. Doch du selbst urteilst über dich. Entsprichst du deinen Erwartungen? Lebst du im Einklang mit deiner Seele – mit deiner inneren Wahrheit? *Es sind deine eigenen Urteile und Einschätzungen, mit denen du dich konfrontierst.*

… Erkenne es doch: *ob dich etwas freut oder nicht – das kannst nur du wissen. Du selbst musst spüren, ob etwas für dich richtig ist oder nicht.* Du kannst nicht ewig andere danach fragen. *Deine eigene Freude wird dir zeigen, in welche Richtung du dich bewegen sollst.*

… Gehe in deiner eigenen Disziplin voran. *Setze mutig deine Schritte und übe dich im Glück und in der Liebe.* Weil du dir selbst treu bist und im Herzen niemals zweifelst, bist du gerettet – jetzt und alle Zeit. *Du bist ein Zauberer. Du zauberst Liebe und Zuneigung und Licht.*

Liebe Freundin! Lieber Freund! …

… Das Gesetz von Ursache und Wirkung mag wohl existieren, doch *du bist ein Wesen der Freiheit.* Frei und schöpferisch kannst du alle Gesetze des Universums so für dich einsetzen, wie du es willst. *Du bist frei – wirklich frei!* Du hast die Wahl und die Verantwortung. *Es ist nicht festgelegt, wie du handeln und leben wirst.*

… *Achte stets darauf, dass dein Denken und Handeln im Einklang mit deinen innersten Wünschen stehen.* Versuche jeden Widerspruch zu vermeiden oder aufzulösen, und tu nichts, was du nicht willst. Du würdest nur dich selbst sabotieren. *Lass dein Leben stimmig sein!* Wenn dir das gelingt, kommt Freude und Erfüllung zu dir – absolut gewiss.

… *Dein wahrer Wille stammt aus deiner Seele.* Er ist Seelenenergie. Er ist die Kraft, die alles in deinem Leben vollbringt und vermag. *Lerne deinen „wahren Willen" zu erkennen und werde dir deiner „inneren Absicht" bewusst!*

Liebe Freundin! Lieber Freund! …

… *Bewusst oder unbewusst gestaltet jeder Mensch seine Zukunft selbst.* Dein Schicksal richtet sich nach deinen Träumen und nach dem Glauben, den du hast. Die Wege, die du einschlagen wirst, werden von dir selbst gewählt. Nach deinen eigenen Richtlinien wächst dein Leben zu dir und aus dir heraus. Du neigst dich ihm zu.

… *Oft geschehen Dinge, die scheinbar ganz speziell für dich gedacht sind.* Es können Begegnungen mit bestimmten Menschen sein, oder du bekommst „wie durch einen Zufall" ein herrliches Buch in die Hand, das dich inspiriert. Viele solcher „Wunder" geschehen jeden Tag für jeden Menschen, denn *es gibt eine geheime innere Ordnung in der Welt.* Sieh genau hin, und du wirst überall verborgene Hinweise und Bedeutungen entdecken.

… *Wenn du Rat brauchst, wende dich getrost an dein Höheres Selbst.* Lass dich von ihm in den Tempel der Weisheit – in dein eigenes Herz – führen. Dort wirst du mit allem versorgt, was du zu deiner Entfaltung benötigst. *Deine Seele ist voller Weisheit und Kraft. Sie liebt dich über alles.* Lass dich von ihr inspirieren!

Liebe Freundin! Lieber Freund! …

… Wenn du etwas erreichen willst, musst du keineswegs in erster Linie wissen, wie du es erreichen kannst. *Du musst nur fest daran glauben, dass du es auch erreichen kannst. Es wird dir gelingen!* Du wirst sehen: alles Weitere geschieht dann wie von selbst. Dir fallen die besten Mittel ein und du entdeckst neue, unbekannte Wege.

… *Bei allem, was dir wichtig ist: nimm deinen Zweifeln den Wind aus den Segeln! Zerstreue deine Zweifel! Wasche sie ab und löse sie auf!* Sie helfen dir überhaupt nicht – ganz im Gegenteil. Gib ihnen also keinen Raum und entlarve sie als bedeutungslos, wenn sie wieder einmal auftauchen sollten. Spiele sie einfach herunter und *glaube an das, was dir wirklich wichtig ist.*

… *Stelle dir doch einmal vor, du würdest wie durch Zauberhand alles bekommen, was du dir wünschst. Stelle dir vor, du hättest es wirklich bekommen* und deine innersten Wünsche und Träume würden sich gerade jetzt erfüllen. Wie würdest du dich fühlen? – *Wunderbar natürlich!* Das ist doch ganz klar. *Also fühle dich so – am besten sofort!*

Liebe Freundin! Lieber Freund! …

… Das, was du mit großer Intensität wünschst und ersehnst, wird sich ereignen und manifestieren. Wenn deine Wünsche aufrichtig sind und du sie mit Liebe und Hingabe in dir trägst und wachsen lässt, werden sie zur rechten Zeit auch „geboren" und „wahr" werden. Sie sind immer schon wahr, doch nun kannst du deinen inneren Schöpfungen auch in der Außenwelt begegnen.

… All deine guten Wünsche haben so etwas wie Licht oder eine goldene Sonne in sich. Sie beinhalten ein Potenzial, das nie verloren geht, auch dann nicht, wenn sie nicht gleich in Erfüllung gehen. *Deine guten Absichten wirken auf alle Fälle* und sie werden irgendwie zum Ziel kommen. Darauf kannst du vertrauen.

… Furchtlosigkeit ist eine hilfreiche Haltung. Fürchte dich nicht! Furcht kann sowohl dein freies Denken wie auch dein Handeln lähmen. Sie hält deine Weisheit unnötig zurück. *Habe Mut! Habe Vertrauen! Du wirst es gewiss schaffen.* Sei jetzt voller Zuversicht und bester Hoffnung, denn die Schwingung deiner Seele will sich erhöhen. *Dein Herz hat keine Angst.*

Liebe Freundin! Lieber Freund! …

… *Es ist wunderbar, wenn du voller Hoffnungen, Wünsche und Erwartungen bist.* Wenn dir jedoch die Entschlossenheit und der Mut fehlen, um deine Wünsche auch zur Erfüllung zu bringen, kann dein Leben nicht zu einem Feuer der Freude werden. *Geh deinen Absichten also nach und verwirkliche sie!* Das ganze Universum steckt voller geheimer Absichten und Wünsche.

… *Entzünde den Funken deiner Schöpferkraft* und hüte und nähre das Feuer deiner Kreativität. Dieses Feuer ist wie eine Sonne, die dich wärmen, erleuchten und ermutigen wird. Wundervolle Früchte wachsen und reifen in deinem Geist, und herrliche Werke werden durch dich geboren. *In dir gedeiht die Saat des Wunderbaren.*

… Du bist ein strahlendes Geschöpf Gottes. Vollkommen aus Licht und Liebe bist du geschaffen, und *Gott rechnet mit dir und will dir diese unfassbar schöne Welt zu Füßen legen.* Er liebt dich aus tiefstem Herzen und macht dir *das vollkommene Geschenk des Lebens* – und zwar in jedem Augenblick neu. Er schenkt dir den Leib und die Welt und das Leben. Was könntest du denn mehr wünschen und verlangen?

Liebe Freundin! Lieber Freund! …

… *Tanze wie Shiva! Die ganze Welt ist ein Tanz. Es ist der Tanz Gottes.* Alles fließt und brennt und verglüht – nur um im nächsten Augenblick neu geboren zu werden. *Habe keine Angst!* Auch wenn einmal etwas in die Brüche geht, ist es doch Teil dieses heiligen Tanzes. Es besteht keine Gefahr. *Wenn du voller Vertrauen mittanzt, bist du immer gerettet und erlöst.*

… Gibt es zerbrochene Träume in deinem Geist – oder hast du gar ein gebrochenes Herz? *Heile dein Herz! Es ist nicht wirklich gebrochen.* Da mögen zwar Schmerzen sein und Sorgen, Mutlosigkeit, Ängste und Verzweiflung – doch all das geht vorbei. Du kannst dein Leben wieder heilen und neu erstarken lassen. *Habe Mut und glaube an dein Glück!*

… *Heute brennt das Feuer der Liebe in dir.* Es ist heiß und lodert kräftig. All der Unrat von Zweifeln und negativen Gedanken und Gefühlen wird mühelos verbrannt. *Dieses Feuer spendet Licht und Wärme. Es läutert dich und macht dich frei.* Nun kann dein Herz wieder strahlen.

Liebe Freundin! Lieber Freund! …

… *Je mehr du deine innere Welt pflegst, hütest und wachsen lässt, umso leichter wird es dir fallen, sie in der äußeren Welt zu manifestieren.* Was in deinem Herzen in Liebe gedeiht, sammelt Kraft und Zuversicht und wird sich gewiss niederschlagen in deinen äußeren Erfahrungen.

… *Lass deine Phantasie reich sprudeln* und statte deine Träume so frech und üppig aus, wie du nur willst. *Erlaube dir ohne Weiteres die Fülle* und schwelge ein wenig darin. Es kommt auf dein Gefühl an. Wenn du es genießen kannst, wo ist das Problem? *Deine Freude wird dein ganzes Leben bereichern.*

… *Wenn du im kreativen Fluss bist, wird alles zum Spiel.* Ungehemmt können sich deine schöpferischen Kräfte entfalten, und dies geschieht auf spontane, lustige und unvorhersehbare Weise. *Zu spielen heißt wahrhaft zu leben. Du gibst dich ins Leben hinein und hast deine Freude dabei.*

Liebe Freundin! Lieber Freund! …

… *Lass dich einsinken und hineingleiten in den herrlichen Strom deiner Kreativität.* Tauche ruhig einmal unter und spiele ein wenig mit den Fischen! Lass dich ein und *genieße in vollen Zügen das prickelnde Erlebnis deiner Schöpferkraft.* Es ist dein Recht und deine heitere Pflicht.

… Die Quelle deiner Schöpferkraft liegt nicht weit entfernt da oben hinter den Wolken. Nein! *Der Fluss der Kreativität entspringt direkt aus deinem Herzen und durchzieht dein ganzes Sein: Körper, Seele und Geist.* Feiere und nutze diese Gabe! Freue dich über sie und sei sehr dankbar dafür!

… Auch *du birgst eine Vision in dir, einen goldenen Traum. Es ist der Traum deiner wahren Erfüllung.* Vielleicht ist er gerade jetzt erst erwacht und beginnt in dir zu spielen. Vielleicht hat er sich auch schon etwas ausgestreckt und entfaltet. *Speise diesen Traum noch! Erforsche ihn! Beobachte, wie er wächst! Behüte, schütze und fördere ihn mit deiner ganzen Existenz!*

Liebe Freundin! Lieber Freund! …

… Lass dich von Kunst inspirieren! Schöpferische Männer und Frauen haben der Welt wahre Schätze hinterlassen – neue Sichtweisen, Hörweisen und Denkweisen. Hier kannst du so einiges entdecken. *Kunst erweitert und veredelt deinen Geist.* Sie ist wie Nahrung, die dich stärkt.

… *Vertiefe dich in die Kunst!* Ganze Welten voller Zauber und Abenteuer wirst du hier finden. Dein Geist wird spielend geöffnet und dein ganzes Wesen kann sich erfrischen. *Die Kunst wird dich heilen.* Sie hat alle Möglichkeiten dazu.

… *Sei ein Künstler!* Hole deinen inneren Künstler hervor! *Die Kunst kann die Welt verändern – und das tut sie auch.* Sie hat deine eigene Welt bereits unglaublich bereichert, verschönert und erfrischt. Geh also auf Entdeckungsabenteuer aus und lass dich begeistern! *Einem Künstler ist es nie langweilig.*

Liebe Freundin! Lieber Freund! …

… *Deiner Seele ist es ein Leichtes, sich vom Boden zu erheben und in den Himmel zu fliegen.* Mühelos kann sie mit dem Morgenlicht in den Blättern und Blüten der Bäume tanzen oder in der Nacht mit den Sternen funkeln. Sie singt mit den Vögeln und wiegt sich im Wind. *Deiner Seele ist alles möglich.*

… Sei so unbekümmert wie ein Vogel im Rosenpark! *Lache und singe nach Herzenslust! Was scheust du dich denn noch?* Hast du etwa Angst, dich zu blamieren? So ein Unfug! *Nimm dich nicht so ernst und erlaube dir ein wenig Freude und Spaß!* Nimm dich selbst einmal auf den Arm und *feiere dein Leben!*

… *Deine Träume singen wie Vögel in den Wäldern deiner Phantasie.* Es sind Paradiesvögel – bunt, schillernd und voll geheimer Lust. Wie herrlich sie leuchten in den großen atmenden Bäumen und Blüten! *Ein köstlicher Zauber liegt in dieser Atmosphäre – eine Heiterkeit, Unschuld und ein kindliches Verlangen.*

Liebe Freundin! Lieber Freund! …

… *Lass dich von deiner Vision tragen! Lass dich von deinen innigsten Wünschen erfüllen und beflügeln!* Spüre den Glauben und die Kraft, die du in dir hast, und genieße dieses Gefühl! Feiere es! Liebe es! – *Wenn du deine Vision liebst, hast du bereits empfangen, was du begehrst.* In dir ist Wirklichkeit.

… *Deine Phantasie ist schon immer der Ausgangsort und die Quelle vieler Tatsachen gewesen.* Sie schafft Fakten. *Das, woran du oft denkst und dir mit Liebe vorstellst, rückt einfach etwas näher zu dir heran.* Denke und spreche über die Dinge, die du wirklich willst – die du in dein Leben ziehen möchtest. Geh ihnen nach! *Habe nur Mut!*

… Lass die Welt deines Herzens mit der Welt deines alltäglichen Lebens ganz verschmelzen. *Durchdringe jede deiner Handlungen und alle deine Worte und Gedanken mit Liebe.* Lass dieses Licht *jetzt* in dir strahlen und freue dich an seiner Frische und Heiterkeit. *Die Liebe schenkt dir neuen Mut. Sie inspiriert dich und lässt dein Leben blühen.*

Liebe Freundin! Lieber Freund! …

… Du bist nicht an bestimmte Gedanken oder Vorstellungen gebunden. Nichts bindet dich, denn *du bist frei – vollkommen frei.* Du kannst mit deinen Gedanken spielen, sie verändern oder sie auch einfach loslassen und ablegen. Du kannst neue Gedanken aufnehmen oder erzeugen, wenn du es willst. *Weil du frei bist, kannst du dies alles tun.*

… *Erinnere dich: du bist ein freier Geist. Dein Leben liegt in deiner Hand.* Ganz egal, wie deine Vergangenheit aussieht und was alles geschehen ist, *du bist es, der jetzt deine Situation sehen und beurteilen muss.* Du entscheidest, und du bist es, der bestimmt, was du jetzt tun wirst. *Sorge dich nicht! Du bist frei und hast die Macht, etwas wirklich Wunderbares und Herrliches entstehen zu lassen.*

… Das, was du willst, wirst du auch bekommen. Zweifle nicht daran! *Stimme dich tief auf deine Wünsche ein und lass sie innerlich wachsen und erblühen.* Wenn du im Geiste mit etwas schwanger gehst und es behütest und liebst, wird es auch geboren werden. *Pflege und beschütze es!*

Liebe Freundin! Lieber Freund! …

… Achte einmal auf deinen Blick! Versuche in deinen Freunden das zu entdecken, was du gerne sehen willst – und noch wichtiger: *versuche bei dir selbst das zu sehen, was du gerne sehen willst. Suche danach!* Gib nicht so schnell auf! Es ist da. Es ist deine Möglichkeit und dein Potenzial.

… *Versuche ein Gefühl des Wohlgefallens – ein echtes Wohlgefühl – in dir zu entdecken und lass dieses Gefühl groß und stark werden*, bis es dich ganz erfüllt und durchdringt. Mach es noch stärker! Lass es strahlend und leuchtend sein und bleibe den ganzen Tag – und warum nicht auch die Nacht? – in diesem herrlichen Gefühl geborgen. Es wird dich beschützen und dir Freude schenken.

… Wenn du etwas willst, musst du es auch wirklich wollen – d.h. mit Gefühl, Leidenschaft und deiner ganzen Hingabe. Wenn es nur lauwarme Wünsche sind wirst du lange warten müssen, bis sich etwas tut. *Wenn dein Wollen jedoch brennend und heiß ist, wenn es Feuer und Intensität hat, dann wirst du mit Macht das Gewünschte zu dir ziehen.*

Liebe Freundin! Lieber Freund! …

… Du hast einen freien Willen, und manchmal willst du etwas sehr stark. Wenn dir aber der Glaube fehlt, dass dein Wille sich auch erfüllt, dann wirst du nur selten bekommen, was du willst. *Wenn du hingegen aufrichtig erwartest, dass sich dein Wille auch erfüllt – wenn du wirklich daran glaubst, dass es wahr wird – dann stehen deine Chancen sehr, sehr gut.*

… *Betrachte dich als ein Empfänger der erlesensten Gaben.* Das Universum will dich beschenken. Du bekommst genau das, was du dir wünschst. *Alles ist erste Qualität, und es ist jetzt auf dem Weg zu dir.* Manches ist sogar schon eingetroffen. Andere Dinge brauchen noch etwas Zeit.

… *Wünscht du dir ein langes, gesundes Leben? – Ja! Natürlich!* Das ist sehr gut. – Sprich deinen Wunsch deutlich aus und bekräftige ihn. Und nun glaube auch daran, dass es so geschehen wird. Jetzt ist alles einfach. Alles, was du jetzt noch tun musst, ist, glücklich und gesund ein langes und erfülltes Leben zu leben. *Empfange und genieße alle guten Gaben!*

Liebe Freundin! Lieber Freund! …

… *Lerne, ganz eins zu werden mit deinem Atem.* Verschmelze mit ihm. Stimme dich ein und gib dich hin. *Dein Atem ist Leben.* Wenn du vollkommen in Einklang bist mit diesem Atemzug, der jetzt gerade in dir strömt und fließt, bist du ganz lebendig geworden. *Es ist der einfachste und herrlichste Zugang zur Urkraft Gottes.*

… *Verschmelze ganz mit diesem Atemzug und lasse Licht und Liebe aus ihm fließen.* Dein Atem ist dein göttliches Leben. Alle Kräfte der Heilung und des Schöpferischen strömen direkt aus dieser Quelle und stehen dir frei zur Verfügung.

… *Folge deinem Atem!* Mache dich tief – noch tiefer! – vertraut mit ihm! *Meditiere viel öfter* und habe keine Angst! *Dein Atem ist sanft wie die Hand Gottes.* Er ist liebevoll und heilsam, kräftigend und erfrischend. *Atme ganz ruhig ein und aus und genieße den goldenen Strom deines Lebens.*

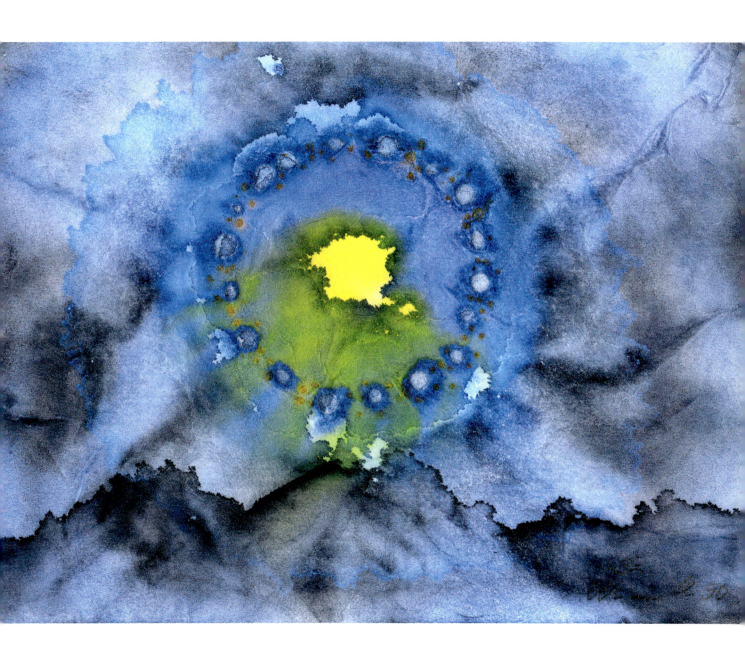

Liebe Freundin! Lieber Freund! …

… *Lade Gott doch ganz bewusst zu dir ein!* Öffne Ihm dein Herz und heiße Ihn willkommen! Lade Ihn ein, denn Er ist taktvoll und drängt sich dir nicht auf. *Wenn du Ihn* jedoch *bittest, ist Er sofort bereit bei dir einzutreten. Er wartet schon auf dich.*

… Du bist ein Mensch. Du bist ein Kind Gottes! Du bist etwas absolut Außerordentliches – und *du kannst das „Große" wagen. Erkenne dich selbst!* Mach dich jetzt auf die Suche und staune! *Spüre das Wunder, das in dir wirkt!*

… Du wirst gewiß Erfolg haben im Leben, denn *du selbst bist ein Erfolg.* Du bist wahrhaftig ein märchenhafter Erfolg, und *Gott ist von Herzen stolz auf dich.* An jedem Tag und in jeder Nacht freut Er sich an dir. *Er feiert dich unaufhörlich. Er liebt und feiert dich gerade jetzt!*

Liebe Freundin! Lieber Freund! …

… *Die Liebe ist ein überaus kostbares Licht, das die Herzen der Liebenden miteinander verbindet und verschmilzt.* Lass dieses Licht stark strahlen! Intensiviere es noch! So geschehen in der Tat Wunder. Es wird dich selbst erstaunen.

… Hast du es schon bemerkt: *im Staunen bleibt die Zeit stehen.* Wenn du voller Staunen bist, lebst du in einer Sphäre der Zeitlosigkeit. Du alterst dann nicht, denn *deine Ewigkeit strahlt. Geh staunend durchs Leben und würdige all die vielen Wunder auf deinem Weg!*

… *Welch unendliches Vergnügen bereiten doch die Sinne!* Begegne deiner Welt voller Achtsamkeit und mit Sinneslust! Interessiere dich für sie! *Lerne zu sehen! Lerne zu hören, zu spüren und zu empfinden! Lerne zu staunen und zu genießen!* Es gibt einen unglaublichen Reichtum zu entdecken.

Liebe Freundin! Lieber Freund! …

… Stelle dir einmal vor, du wärst die ganze Zeit wie blind gewesen und beginnst gerade jetzt erst die Welt zu entdecken. *In jedem Augenblick tauchen neue Wunder vor dir auf, und du wirst dir der Schönheit und Herrlichkeit deiner Existenz endlich bewusst.* Wieviel gibt es doch zu entdecken! *Wie erstaunlich und wunderbar das alles ist!*

… *Du befindest dich in einem freundlichen und sicheren Universum.* Dort, wo du jetzt bist, wirst du getragen, behütet und beschützt. *Die ganze Existenz beschützt dich.* Sie schenkt dir all die Kraft, die du im Augenblick brauchst. Nimm sie ruhig und dankbar an!

… *Das Universum ist vollkommen und auch du bist vollkommen.* Auch wenn du es nicht glauben magst: *Vollkommenheit ist deine Natur.* Du bist ein Kind Gottes und wirst vollkommen geliebt. Denke und handle nun gemäß deiner Natur! *Denke „Vollkommenheit"!* Nur so wirst du dir und deinem Leben wirklich gerecht.

Liebe Freundin! Lieber Freund! ...

... Es gibt Tage, an denen scheinbar alles schief geht. Manchmal kommt es sogar knüppeldick und ein Missgeschick zieht das nächste nach sich. Wisse: *solch ein Tag geht auch vorbei.* Er kann nicht ewig andauern, und die Situation wird sich verbessern. *Denke bewusst an etwas Gutes* – oder zumindest an etwas, das für dich annehmbar ist. *Versuche dich loszureißen von diesem sinnlosen Pech!*

... *Singe ein Lied der Freude und der Liebe!* Stell dir die schönste Wohltat vor, an die du denken kannst. *Das Universum wird auf dein Lied hören und antworten.* Die Existenz wird dir genau diese Wohltat erweisen. *Erinnere dich: Gleiches zieht gleiches an.*

... Wenn du glücklich sein willst, dann beachte die Regeln des Glücks. Die wichtigste Voraussetzung ist *ein mitfühlendes, liebendes Herz. Öffne dich und lass die Liebe fließen!* *Stimme dich auf Liebe ein,* und du wirst dich augenblicklich schon etwas glücklicher fühlen.

Liebe Freundin! Lieber Freund! …

… *Entdecke deinen Genius! Feiere und freue dich an dir selbst!* Erfahre den erfrischenden Jubel, eigene Entscheidungen ganz bewusst zu treffen und die Konsequenzen, die sich daraus ergeben, zu kosten. *Sage „Ja!" zu dir selbst!* Du bist viel mehr, als du denkst.

… *Freude ist dein natürlicher Zustand.* Liebe und Freiheit sind dein natürlicher Weg. Lass es doch zu und verkrampfe dich nicht! *Lass das Leben leicht und voller Begeisterung und Wohlgefühl in dir fließen!* Das entspricht vollkommen deiner Natur. *Sei heiter und gelassen!*

… *Bist du dir eigentlich darüber bewusst, wieviel Freude im Universum strahlt und fließt?* Bist du dir überhaupt bewusst, welch eine unglaubliche, grenzenlose und unerschöpfliche Liebe dich jetzt, in diesem Augenblick, umgibt und erhält? *Du bist wahrhaftig gesegnet*, und der ganze Kosmos vibriert geradezu vor Glückseligkeit. Das ist sein natürlicher Zustand.

Liebe Freundin! Lieber Freund! …

… Du wirst dich frei machen von all deinen Begrenzungen und Minderwertigkeitsgefühlen. Du wirst dich von all den bedrückenden und beengenden Mustern der Vergangenheit ablösen. *Du wirst all dies abschütteln und nackt und herrlich in der Sonne tanzen wie ein lachendes Kind! – Was hältst du davon?*

… Deine Fähigkeiten leuchten, und dein Potenzial will sich nun endlich verwirklichen. *Du bist intelligent, mutig und voller Optimismus.* Alles, was du anpackst, gelingt mühelos. Ja, *du bist dir deiner Macht und Würde bewusst und erschaffst eine Welt, in der das Leben ein wahres Fest ist.*

… Je klarer und kraftvoller du dir selbst bewusst wirst, umso stärker wächst deine persönliche Kraft. *Du bist ein Sammelpunkt für Energie und Heiterkeit* – ein Nukleus göttlichen Lichts. All das Gute, das du dir wünschst, ziehst du zu dir heran und lässt es in dir wachsen. *Spürst du, wie schön das ist?!*

Liebe Freundin! Lieber Freund! …

… Übe Wohlfühlgedanken! Übe positives Denken! Lass diese Gedanken wachsen und mehr und mehr an Fahrt gewinnen in deinem Leben! Nähre sie! Fördere sie! Unterstütze sie und gib ihnen Raum! Lade sie immer mehr mit deiner Energie auf, denn so werden sie lebendig und können ihre Wirkkraft optimal entfalten.

… Jetzt ist die Zeit, da deine kühnsten Träume wahr werden. Alles gelingt dir wie durch Zauberhand. Alles, was du anlangst, gedeiht zu deinem Besten. Kein Makel oder Fehler haftet dir an, und da ist auch kein Hinterhalt und keine verborgene Gefahr. *Du bist absolut sicher, und nur die Liebe und das Glück werden dir geschehen.*

… Dein wahrer Zustand ist Glück, Freiheit und Liebe. Dein ganzes Wesen strahlt mit unerschütterlicher Zuversicht. Nur gute Gefühle und gute Gedanken stellen sich ein – und so entwickelt sich alles vortrefflich. *Ein helles Lachen liegt in der Luft und die Sonne scheint dir zu Ehren.*

Liebe Freundin! Lieber Freund! …

… *Heute ist dein Glückstag.* Nicht eine Spur von Negativität liegt in der Luft. *Überall strahlt Licht, Liebe und Erfolg.* Du bekommst genau das, was du dir schon immer gewünscht hast. *Die Menschen lieben dich und zeigen es dir auch.* Sogar der Wind streicht heiter über dein Gesicht.

… *Dein Leben ist zu einem Aufwärtstrend geworden.* Du bewegst dich in eine Richtung, in der du dich einfach wohl fühlst. Genau so ist es richtig – und so soll es auch sein. Achte immer auf dein Glück! *Fliege dem Sonnenschein entgegen – hinauf zu den Engeln!*

… *Sei heiter und gelassen! Die heitere Gelassenheit ist die optimale Grundhaltung, wenn du das Leben genießen willst.* Selbst die feinsten und subtilsten Freuden sind so möglich, doch auch an den robusten und derben Späßen kannst du dich viel mehr erfreuen, wenn du heiter bleibst. *Lass in dir ein „Ja!" erklingen und heiße dein Glück willkommen!*

Liebe Freundin! Lieber Freund! …

… Wenn du glaubst, du müsstest dich für deine Wünsche und Vorlieben rechtfertigen, stehst du auf schlüpfrigem Boden. Wen willst du denn überzeugen? Die Neider und Unverständigen etwa? Lass es sein! *Deine Wünsche – auch deine geheimsten – sind vollkommen in Ordnung. Wer keine Wünsche hat, verachtet das Leben.*

… Wenn du glaubst, du seiest es nicht wert, etwas Gutes zu erhalten, dann lass dir sagen, dass dieser Gedanke etwas vollkommen Blödsinniges ist. Er steht im Widerspruch zu deinem wahren Wesen. Was für eine dumme, unsinnige Idee! *Natürlich bist du es wert all das zu bekommen, was du dir wünschst. Du sollst all das Gute erhalten und noch viel mehr!*

… *Glaube doch an dein Glück! Ehre es! Liebe es!* Fordere es für dich ein! Du sollst alles erhalten, was du dir ersehnst und die Erfahrungen machen, die du dir wünschst. *Glaube an dein Glück – und glaube an die Liebe!*

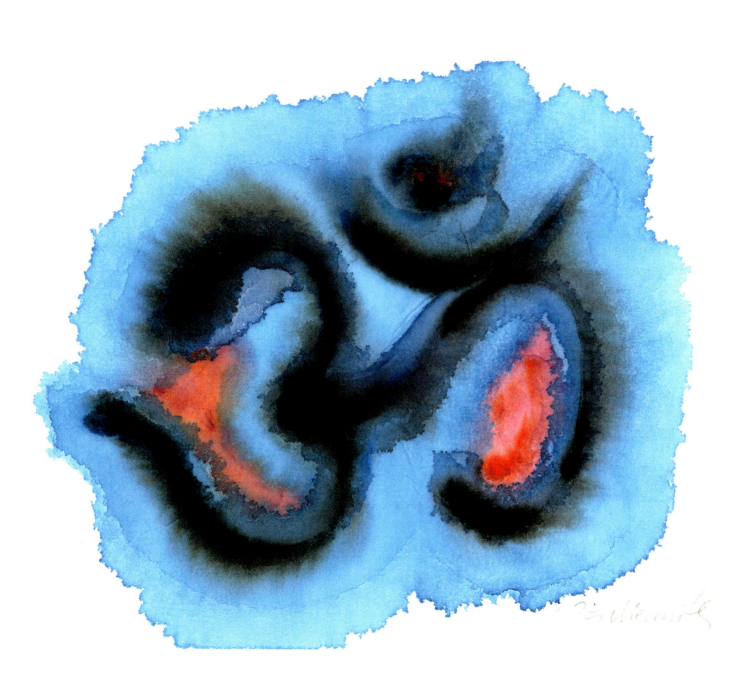

Liebe Freundin! Lieber Freund! …

… Wenn du etwas Schönes siehst, bekräftige es und mache es zu einem Teil deiner Welt. Schenke ihm Aufmerksamkeit und unterstütze es. Ziehe es in dein Leben und lass es zu dir herankommen. *Sei aufnahmebereit und sehr empfänglich für das Schöne –* das, was *du* als schön und gut empfindest!

… Nimm dir jeden Tag ein wenig Zeit, dir eine Welt voller Frieden und eine Menschheit voller Freude vorzustellen. Wie wäre das, wenn all die grässlichen Schwierigkeiten und Problem endlich gelöst wären? *Denke öfter an das Paradies, und beginne, darin auch zu leben!*

… Lass dich nicht abbringen und weglocken von deinem Glück. *Nichts ist besser als ein glückliches Leben!* Unterstütze dein Glück, wo und wie immer du kannst. Manchmal werden deine Erwartungen nicht erfüllt. *Don't worry! Be happy!* Bleibe heiter und gelassen!

Liebe Freundin! Lieber Freund! …

… Wenn du dich den Plänen, die andere für dich gemacht haben, blind unterwirfst, blockierst du damit deine Kreativität. Du magst auf diese Weise zwar Anerkennung finden, aber im Innern wirst du ein frustrierter Mensch sein. *Vertraue deiner eigenen Weisheit! Vertraue deiner Freude und deiner Lust – und vertraue deiner Liebe!*

… Weder aus Faulheit noch aus einem falschen Sicherheitsbedürfnis solltest du deine Lebenslust und deine Kreativität zurückhalten. Lasse dich von der Leine! *Befreie dich und tu, was dir gefällt!* Selbst auf die Gefahr hin, dass du einmal auf die Nase fällst oder die anderen dich auslachen: *lebe dein eigenes Leben!* Das ist auf alle Fälle besser als ein falsches oder ungelebtes Leben.

… Wenn du auf deinen Erfolg wirklich vertraust, kannst du ruhig und gelassen bleiben. Dann hast du es nicht nötig, dich aufzuspielen und dich oder andere verrückt zu machen. *Du weißt, dass du hervorragend bist und wirklich gute Arbeit leistest. Du wirst erfolgreich sein! Lass dich von nichts und niemandem davon abbringen!*

Liebe Freundin! Lieber Freund! …

… Zuweilen gerätst du in wahrhaft merkwürdige, sonderbare und sogar befremdliche Situationen. Du hast das Gefühl, als gehörtest du da gar nicht hin. – *Bleibe ruhig! Atme tief durch und besinne dich auf deine Kraft. Bleibe gelassen!* Erinnere dich: *nur Gutes wird dir geschehen – und das tut es auch!*

… *Es ist gut, wenn du nicht überall passt.* Glaube doch nicht an das Ammenmärchen, dass nur die „am besten Angepassten" oder die „Stärksten" überleben können. Das ist totaler Unsinn! *Gerade, weil du nicht passt, hast du die Chance, deinen eigenen Weg zu finden und zu erschaffen.*

… Entdecke deine Welt! *Erfinde und entfalte deine eigene Welt! Schaffe dir ein freundliches und liebevolles Zuhause!* Du bist schöpferisch und voller Lebenslust und kannst das ohne weiteres tun. *Erzeuge eine Atmosphäre, die dir gefällt!*

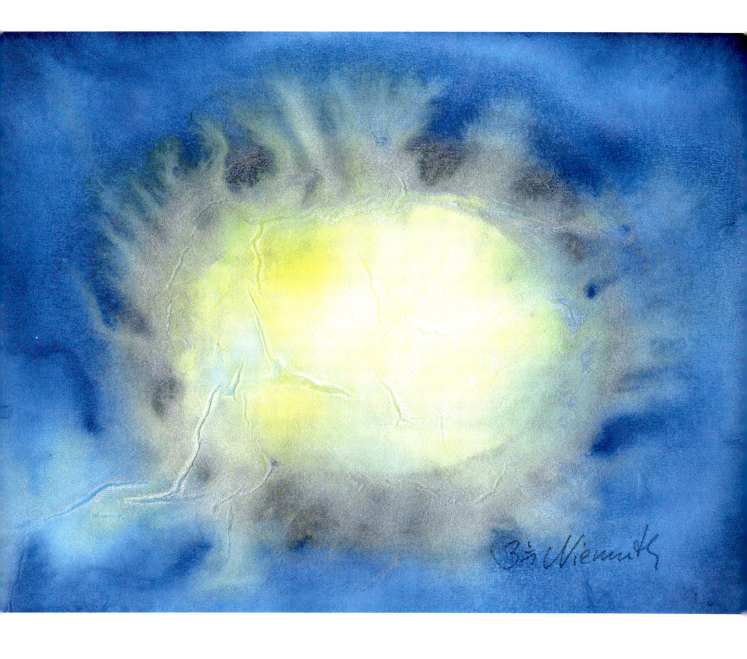

Liebe Freundin! Lieber Freund! …

… Sei einmal ganz still und schweige voller Achtsamkeit und Hingabe! In der Stille kannst du etwas lernen, das dir kein Buch und niemand sonst vermitteln kann. *Die Stille birgt in sich ein heiliges Geheimnis. Sie offenbart es dir gerne,* wenn du es schaffst, einmal ganz ruhig zu sein und zu schweigen.

… Sammle etwas Ruhe in dir! Gönne dir viele ruhige Zeiten und *lass diese wunderbare Kraft der Stille in dich einfließen und in dir wirken!* Bau dir ein Polster auf – einen Vorrat an Frieden, Vitalität und Energie. Das ist durchaus möglich. Spüre einmal in deinen Bauch hinein!

… Verbinde dich jetzt mit der Urkraft des Universums. Erfahre die wahren Absichten der Existenz! Spüre nach – spüre in deinem eigenen Inneren nach! Und nun versuche, diese Einsichten und Erkenntnisse auch zu leben. Folge deiner inneren Ahnung und setze deine Weisheit in deinem alltäglichen Leben um.

Liebe Freundin! Lieber Freund! …

… *Wenn du deinen Gefühlen und auch den subtilsten Empfindungen folgst, können sie dich an den Ursprung deines Seins führen.* Entspanne und spüre ihnen einmal nach! Aus welcher Quelle werden sie wohl gespeist? *Es ist nichts anderes als dein liebendes Herz.*

… *In dir ist eine innere Stimme, die dich souverän führen und leiten kann.* Höre auf diese Stimme! Achte auf sie! Lausche auf das, was sie dir sagt und folge ihren Anweisungen. Sie zeigt dir den Weg. *Es gibt keinen besseren Navigator als ein liebendes Herz.*

… Verfalle nie der Untugend, die Regungen deiner Seele zu überhören oder sogar zu unterdrücken. Lass dich nicht irremachen und blockieren von dem, was andere von dir verlangen oder erwarten. *Bleibe dir selbst treu, wenn du glücklich sein willst. Nur so kann die Weisheit deiner Seele strahlen.*

Liebe Freundin! Lieber Freund! ...

... *Löse dich nun mit dem sanften Schwert der Weisheit von allen Hindernissen und Verblendungen! Befreie dich!* Werde wieder leicht und lege deine Rüstung ab. Es gibt nichts zu fürchten, und du kannst nackt und ehrlich in der Sonne stehen. *Alles ist sicher und gut, und die Liebe Gottes beschützt dich bei jedem Schritt.*

... *Schließe nun die Augen und genieße das Rauschen des Atems und das Fließen deines Seins.* Da mögen Gedanken, Bilder und Gefühle in dir sein. Lass sie ruhig zu. Sie sind nicht wichtig. *Das Einzige, das zählt, ist, dass du da bist – lebendig, offen und frei.* Ganz gelassen und voller Achtsamkeit spürst und feierst du dein Leben.

... *Meditiere und lasse die Liebe in dir wachsen! Meditiere einfach! Alles geschieht von selbst.* Es ist wirklich so: du tust gar nichts, und die Blumen blühen von selbst. Du tust wirklich gar nichts, und die Wolken ziehen ruhig und federleicht über deinen Kopf. Das ist total einfach!

Liebe Freundin! Lieber Freund! ...

... *Meditiere im innersten Zentrum eines Mandala.* Dieser Kraftort ist ganz mit Licht erfüllt – ja, er ist selbst reines, unverfälschtes Licht. Dort öffnest du dich und empfängst den göttlichen Segen. *Du wirst eins mit der Mitte der Welt und verschmilzt mit der Göttlichkeit des Universums.*

... Wenn du nach innen fliegst, zu deinem eigenen Ursprung, wirst du eine erstaunliche Entdeckung machen: *in dir – im Zentrum deiner selbst – öffnet sich ein ganzes Universum.* Ein herrliches Licht erfüllt den weiten Raum deines Geistes und erleuchtet deine Seele. Dieses Licht ist der Stoff, aus dem auch du geschaffen bist.

... *Lerne zu lieben und lerne, dich zu freuen, wo immer du bist! – Sei einmal ganz still und achte darauf, wie wunderbar dein Atem fließt.* Erfahre die Schönheit deiner Schöpferkraft und deines Atems! Spüre ganz sacht und sanft in dich hinein – und nun: *Öffne die Augen! Sieh, wie gesegnet du bist – innen und außen in Einem!*

Liebe Freundin! Lieber Freund! …

… Alles, was du bei der Meditation tun musst, ist einmal ganz still zu sein und ganz wach. Sitze voller Achtsamkeit und lass den Atem natürlich fließen. *Achte auf deinen Atem! Genieße ihn! Er nimmt dich mit in das unauslotbare Geheimnis deiner selbst. Er ist der „Odem" Gottes.*

… Tauche in deiner Meditation tief hinein in deinen Geist und erkenne, was da ist. *Ein strahlender Raum wird sich dir öffnen. Ein unendliches Licht erleuchtet All-das-was-ist – das ganze Weltall. Das ist dein ursprünglicher Geist. Jede Richtung stimmt. Du bist am richtigen Ort und alles ist durchdrungen und durchflutet von Liebe.*

… Stelle dir vor, du lebst inmitten eines Energiefeldes aus Glück. *Glück und Liebe umgeben und durchdringen dich, wo immer du bist und wo immer du auch hingehst.* Richtest du einen Gedanken oder einfach deine Aufmerksamkeit in irgendeine Richtung, so wird dein Blick stets liebevoll sein. *Du kannst alles mit einem glücklichen und wohlwollenden Blick betrachten.*

Liebe Freundin! Lieber Freund! …

… Deine Meditation macht dich nicht zu etwas Besonderem oder gar zu etwas Heiligem. Keineswegs! – *Du wirst einfach immer mehr zu dem Menschen, der du in Wahrheit bist. Dein Herz geht auf. Dein Potenzial beginnt zu keimen, zu wachsen und zu blühen.* Dieses innere Potenzial ist nichts anderes als *Mitgefühl und Liebe* – und *Liebe ist „heilig" in sich selbst.*

… In der Meditation hast du das erste Mal die Gelegenheit, dich so zu spüren und zu sehen, wie du wirklich bist. *Du akzeptierst dich grenzenlos – bis in deine tiefste Tiefe.* Wenn du das tust, wirst du *das Wunder deiner selbst* erkennen.

… *Meditiere! Dein Geist wird weit und offen wie der Himmel sein* – und alle Wesen haben darin Platz. Das ganze Leben kann so einfach und so klar sein! *Meditiere doch! Entdecke den Geschmack deiner wahren Natur!*

Liebe Freundin! Lieber Freund! …

… In der geistigen Welt bist du wie eine Wolke aus Licht und Bewusstsein. Du bist wie ein atmender, leuchtender Traum. Deine Freiheit ist größer und reicher als du denkst. All deine Gedanken und Gefühle sind offen und klar. Es gibt gar kein Hindernis und du kannst alles erschaffen, was du willst.

… Du kannst dich momentan wahrscheinlich nicht daran erinnern, wie du gelebt hast, bevor du als dieser Mensch geboren wurdest. Vielleicht glaubst du sogar, dass es dich „damals" noch gar nicht gab. Doch *du warst immer schon da. Du warst göttliches Bewusstsein, mit Weisheit und Willen begabt – und das bist du natürlich auch jetzt.*

… Du bist göttlicher Geist, der sich entschlossen hat, als eben dieser Mensch hier auf der Erde geboren zu werden und zu leben. Das ist doch wunderbar! All deine „früheren Erinnerungen" sind momentan einfach etwas zurückgestellt, damit du nicht so sehr von deinem jetzigen Leben abgelenkt und abgehalten wirst. Im Untergrund spielen sie zwar immer noch mit, doch *dein wahres Leben ist hier-und-jetzt.*

Liebe Freundin! Lieber Freund! …

… Wenn du auf das Licht vertraust, das dir in deiner eigenen Tiefe leuchtet, bist du in der Tat bestens beraten. *Die Weisheit deiner Seele strahlt mit einer unerschütterlichen Kraft.* Sie ist *jetzt gegenwärtig* und lebendig. *Höre auf sie!* Sei voller Achtsamkeit – und gehe mutig und vertrauensvoll deinen eigenen Weg!

… *Das wahre Wunder ist die Liebe Gottes. Der wahre Seelengrund ist nichts anderes als Gott.* Hier wurzeln all deine Ideen und guten Einfälle. Dein kindliches Vertrauen ist vollkommen berechtigt. *Sei dir einfach dieser unendlichen und immer gegenwärtigen Liebe bewusst!*

… *Erhebe dein Herz und spüre, wie die Kraft Gottes in dir strahlt.* Es ist wie das Glühen einer mächtigen Sonne. *Diese Sonne erleuchtet dich.* Sie befreit deinen Geist und schenkt dir unaufhörlich Wärme und Liebe. – Fühlst du die Liebe Gottes? Sie ist Realität. *Sie ist jetzt hier* und wirkt in dir. Du kannst dich auf sie verlassen.

Liebe Freundin! Lieber Freund! …

… Wenn du dich danach sehnst, dein Leben zu ändern, aber gleichzeitig Angst vor der Veränderung hast, dann hast du ein Problem. Eine Barriere, eine Hürde hat sich aufgetan. *Sei mutig! Riskiere einmal etwas! Wage den Sprung*, denn dein altes Leben kann dich nicht länger glücklich machen! *Habe Mut und Vertrauen!*

… Wenn du glaubst, vollkommen in die Dunkelheit gefallen zu sein, *verzweifle nicht! Spüre in dich!* Da ist dein Mut zum Leben – dein Wille zum Leben. Ein geheimer Spalt wird sich öffnen, und *du wirst ein Licht finden, das vor dir noch keiner sah*.

… Lass dich von den Enttäuschungen in deinem Leben doch nicht überrumpeln. *Kehre immer wieder zu deinem Atem und deinem guten Mut zurück und erwarte ein Wunder!* Sei wirklich offen! *Sei bereit für einen herrlichen Impuls.* Er wird kommen.

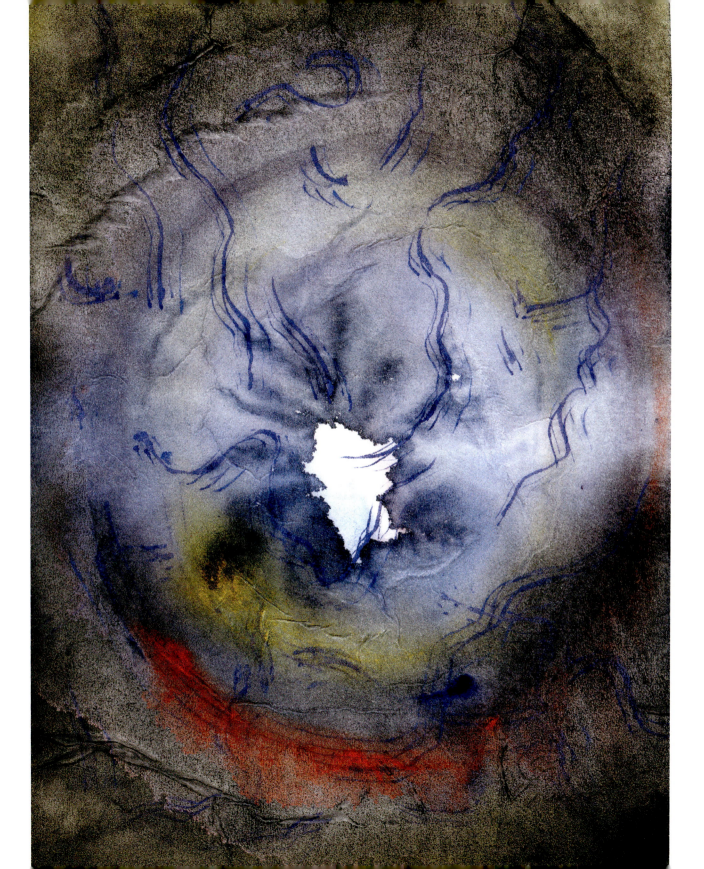

Liebe Freundin! Lieber Freund! …

… Da ist etwas, das dich über schwierige Stunden hinauswachsen lässt. Es ist eine urgute, göttliche Kraft, die dich beschützt und über alle Hindernisse hinwegträgt. Diese Kraft ist ausgesprochen weise. Sie ist voller Liebe und sorgt für dich in jedem Augenblick. *Es ist deine eigene Seele.*

… Wenn du wirklich Hilfe brauchst, wirst du auch Hilfe bekommen. Sorge dich also nicht und vertraue auf die Güte Gottes. *Dein Herz weiß Bescheid* und deine Seele führt dich an genau den Ort, an dem du lernen und dich entfalten kannst. Hier wirst du wertvolle und wunderbare Erfahrungen machen. Sei dankbar dafür!

… Ist dies nicht ein staunenswerter, glücklicher Morgen? Ist dies nicht ein herrliches und zauberhaftes Universum? Ist dieses Leben nicht ein vollkommenes Wunder? – Lass dich nicht irremachen! *Sieh, wie der Morgenstern ruhig am Himmel steht und für dich leuchtet! Er leuchtet und strahlt voller Kraft und Verheißung.*

Liebe Freundin! Lieber Freund! ...

... Denk nicht ständig an das, was du nicht willst – was dich belästigt und stört. *Denke positiv! Denke für dich und nicht gegen dich!* Durch dein Denken förderst und energetisierst du genau das, woran du denkst. Du weckst es auf und machst es größer als es im Augenblick ist. Du weißt ja: *du kannst aus einer Fliege einen Elefanten machen. Achte darauf!*

... *Träume dir deine Wünsche ins Dasein!* Stelle dir genau die Dinge oder Situationen vor, die du willst und dir wünschst, und sende diese Gedanken und Bilder ins Universum. *Das Universum wird dir antworten.* Es bringt dir genau das, was du dir vorstellst und erträumst. Du ziehst es zu dir heran.

... *Du bist nicht deine Gedanken.* Sei dir darüber ganz klar. *Du bist weder deine Gedanken noch deine Gefühle.* Du bist das, was hinter deinen Gedanken steht. *Du bist dieses geheimnisvolle, bewusste Leben, das deine Gedanken erst hervorbringt und denkt und Deine Gefühle fühlt.* Du benutzt Gedanken und arbeitest mit ihnen, aber *du bist sie nicht*. Du kannst sie jederzeit ändern, wenn du willst.

Liebe Freundin! Lieber Freund! …

… Du verfolgst bestimmte Ziele und Vorhaben in deinem Leben. Dabei erschaffst und ebnest du so manchen Weg, den es vorher noch nicht gegeben hat. *Diese Wege, die du durch deine eigenen Vorlieben und Wünsche bereitet und ausgeformt hast, können nun auch andere nach dir betreten und nutzen.* Mache dir dies bewusst.

… *Du kannst nicht stehenbleiben auf dem Weg deiner Seele.* Es ist deine Natur, zu wachsen und dich zu entfalten. In welche Richtung du dich wenden willst und welche Erfahrungen du auswählst, liegt allerdings bei dir. Werde dir darüber bewusst! *Du bist es, der entscheidet, wie du leben willst.*

… Richte dich nach deinen eigenen Bedürfnissen und Wünschen, aber auch nach dem Ganzen – dem All-Einen. *Was für dich gut ist, ist für alle gut. Was für alle gut ist, ist für dich gut.* Das ist eine einfache Regel. *Sorge dich nicht und lebe voller Freude!*

Liebe Freundin! Lieber Freund! …

… Hast du dich schon einmal gefragt, warum du gerade diese Erfahrungen in deinem Leben machst, die du machst? Du hast sie dir selbst ausgewählt. *Du hast die Umstände und die ganzen Szenarien mitbestimmt, denen du jetzt begegnest.* Du kannst sie auch ändern oder weiterentwickeln, wenn du es willst.

… Erschaffe dir deine eigene Zeit und deinen eigenen Ort, an dem du leben möchtest. *Erfahre das Glück und verweile darin, denn so öffnest du einen Raum zu weiterem Glück – und deine Seele wird jubilieren. Genieße und würdige all das Gute, das du hast!* Deine Dankbarkeit und deine Demut werden Wunder wirken. Sei stets heiter und gelassen!

… Wenn du danach trachtest, vollkommen zu werden, so kann dir das nur *jetzt* gelingen. Es wird wirklich nicht in der Zukunft geschehen. Verstehe das doch! Du hast nur dieses *„Jetzt"*, denn alles andere ist Projektion, Erinnerung und Illusion. *„Jetzt"* bist du vollkommen! Du musst keinen Tag länger warten – nicht einmal einen Augenblick.

Liebe Freundin! Lieber Freund! …

… Erinnere dich einmal an die schönsten Erlebnisse in deinem Leben – und wie du dich damals *gefühlt* hast. *Diese Energie existiert jetzt noch. Sie steht dir zur Verfügung.* Nutze sie und gestalte aus dieser Glückskraft einen magischen Zauberstab, mit dem du alle Schwierigkeiten und schmerzhaften Probleme berührst. Sie werden sich sofort in Licht verwandeln und vergehen.

… Schau einmal in deinem Innern nach und suche dir die glücklichsten und liebevollsten Gefühle aus, die du finden kannst. Schmecke und koste sie! Sie schmecken wunderbar! Jetzt gib ihnen Raum und lass sie durch deine Aufmerksamkeit noch wachsen, bis sie so groß wie eine prächtige Aura geworden sind, die dich ganz und gar umgibt. *Genieße diese Aura und lebe in ihr!*

… Betrachte die Schönheit deines Leibes! Wie wunderbar du doch bist – wie zart und wie rein! *Betrachte die Schönheit deines Geistes!* Sieh deine Gedanken und Gefühle wie herrliche Blumen oder wie lachende Wolken, die leicht ihre Formen verändern können. Und dann *betrachte die Schönheit deiner Seele! Sie ist wie reines Licht. Sie ist so wunderschön, dass du keine Worte findest, sie zu beschreiben.* Du bist sprachlos und kannst nur noch staunen.

Liebe Freundin! Lieber Freund! …

… *Die Wirklichkeit tritt vom Unsichtbaren ins Sichtbare hervor.* Die „äußere" Realität existiert immer zuvor schon als Wunsch, als Gedanke, als Traum oder als Hoffnung – manchmal auch als Angst oder Befürchtung. Wenn du der „unsichtbaren" Ebene Aufmerksamkeit und Gefühl gibst, energetisierst du diese Möglichkeiten und hebst sie schließlich in die sogenannte „Wirklichkeit" empor. *Habe gute Wünsche und strahlende, freudige Hoffnungen!*

… *Wenn du dir etwas wirklich von Herzen wünschst, bekommt das Universum das natürlich mit.* Es nimmt dich wahr und hört deinen Wunsch. Es wird alles Notwendige und Mögliche tun, um deinen Wunsch zu erfüllen. Vertraue, dass er wahr wird! Glaube daran! *Niemals lässt dich die Existenz im Stich.*

… Gehe davon aus, dass genug für alle da ist, und dass du ohne ein schlechtes Gewissen haben zu müssen, die Dinge, die du dir wünschst, auch bekommen und genießen darfst. *Du erschaffst deine Realität. Du selbst sorgst für den Überfluss und für die Freude.*

Liebe Freundin! Lieber Freund! …

… Höre auf deinen Verstand, aber lass dich nicht von ihm verwirren oder verunsichern. Dein Verstand hat nur einen beschränkten Überblick. Er ist ziemlich eingeengt und oftmals verzerrt. Er mag dir ein paar gute Hinweise liefern, doch *dein wahrer Ratgeber ist immer das Herz. Dein Herz spricht die Sprache der Liebe* – eine Liebe, die alles umfasst und alles durchdringt.

… Wenn du eine Entscheidung zu treffen hast, *folge* einfach *der Stimme deines Herzens*. Du musst hinspüren, wie es sich *anfühlt*, und zu welcher Richtung dich dein Inneres ermutigt. Was ist wirklich stimmig für dich? *Dein Herz ist weise, und du kannst ihm vollkommen vertrauen.*

… Du bist nicht in einem dunklen Raum der Ignoranz und Orientierungslosigkeit eingeschlossen. *Du bist frei!* Das ist die schlichte Wahrheit. *Du bist ein vollkommen freies Wesen – eine leuchtende, strahlende Seele.* Erkenne dies und entlarve all deine Ängste und Sorgen als dumme Illusionen.

Liebe Freundin! Lieber Freund! …

… *Vertraue deiner inneren Weisheit! Vertraue der mächtigen und weisen Güte, die in dir wirkt.* Viele Leute und Institutionen haben im Laufe deines Lebens versucht, auf dich einzuwirken und dich von ihren Ansichten und Meinungen zu überzeugen. Manchmal hast du dich dazu verleiten lassen, fremde Gedanken blind und ungeprüft zu übernehmen. Prüfe noch einmal nach! Erforsche deine Sichtweisen neu! *Wenn deine innere Weisheit etwas ablehnt und verwirft, solltest du es nicht länger ernst nehmen und danach leben.*

… Glaube nicht, dass die Wahrheit über das Leben bereits vor langer Zeit ein für alle Mal gefunden wurde, und du nach alten Vorschriften und Traditionen leben müsstest. So ist es nicht – und es gibt auch keine Regeln und Gesetze, die alles ein für alle Mal klären. *Höre auf dein eigenes Herz und spüre nach, was gut für dich ist! Nur dieser Augenblick ist dein Leben. Erkenne dies!*

… Ja, *du vertraust deinen Gefühlen.* Du spürst genau, was sich gut anfühlt – und was nicht. *Deine Gefühle sind weise Ratgeber, denn sie verbinden dich tief mit deinem inneren Selbst.* Sie vermitteln dir Impulse, nach denen du dich richten kannst. Sei achtsam und verzerre oder verunstalte deine Gefühle nicht! *Spüre genau hin!*

Liebe Freundin! Lieber Freund! …

… Lass dich von einer Nachtigall in den Schlaf singen! *Öffne dein Herz den Engeln und Vögeln!* Sie bringen Botschaften von anderen, heiligen Welten und lassen den Garten in deinem Innern erblühen. Welch ein Fest es doch ist, in deiner Gegenwart zu sein! Du bist fröhlich und frei und voller Vertrauen, denn *du bist voller Liebe.*

… Du lebst zwar in einem Körper aus Fleisch und Blut und stehst fest auf irdischem Grund – und dennoch bist du auch in vielen anderen Welten zuhause. *Deine Seele liebt es zu träumen*, und deine Phantasie reist durch Länder und Reiche des Geistes, die dich inspirieren und dir Freude und Erfüllung schenken. *Sage „Ja!" zu all diesen Welten! Sage „Ja!" zu deiner freien, schöpferischen Natur!*

… Du lebst nicht nur in *einem* Körper, und du besitzt nicht nur *eine* Gestalt. *Du bist multidimensional und in vielen Welten zuhause.* Du besitzt und erschaffst dir unentwegt schillernde Traumkörper. Spielerisch wie ein Kind entwirfst du phantastische neue Gestalten. Dein wahrer Körper – deine ureigenste Essenz – ist nichts anderes als *lebendige Freiheit.*

Liebe Freundin! Lieber Freund! …

… Lass heute einmal deine Phantasie spielen. *Träume einen wunderbaren Traum!* Erfinde dir Schmetterlinge und magische Blumen, und betrete das Zauberreich deiner Wünsche. *Dein eigener Geist hat die Kraft, dir all deine Wünsche zu erfüllen.* Hier kannst du spielen und dir eine Welt erschaffen – gerade so, wie du willst. *Spiele und träume nach Herzenslust, denn die Erfüllung des Lebens ist Spiel.*

… Du bist wie ein Frühlingswunder! Du bist ein leuchtendes Wunder des Lebens. Sieh nur: *dein Herz blüht auf wie eine Blume! Dein Leib streckt sich im Morgenlicht und dein Geist strahlt und tanzt in der Frische des Windes.* Du bist wirklich ein Wunder, und niemand kann dich erklären oder beherrschen.

… *Ist es nicht wunderbar, mit sich selbst im Einklang und im Frieden zu sein?!* Ist es nicht eine große Gnade, all die Verwirrung und Verblendung abzulegen und wieder *eins* zu sein? Du warst niemals getrennt oder gespalten, und du wirst es niemals sein. All das sind nur dumme Gedanken. *Erfahre die Freude, ganz du selbst zu sein, und feiere dich so sehr du nur kannst!*

Liebe Freundin! Lieber Freund! …

… *Willst du Gott sehen? Dann geh in den Garten!* Er ist in den Blumen und Schmetterlingen. Er ist in den schillernden Libellen, die am Flussufer dahinschwirren. Er ist sogar in den kleinen Käfern auf den Grashalmen und im Gras selbst. Im Grunde ist es gar nicht so schwer, Ihn zu finden. Du musst nur deine Augen aufmachen und sehen. *Er wartet schon darauf, dass du Ihn entdeckst.*

… Jetzt stehen diese mächtigen Bäume schweigend und prachtvoll im Sonnenlicht. Sieh, wie sie strahlen und leuchten! *Sie sind vollkommen glücklich in sich selbst.* Welch eine wunderbare Präsenz! Und doch bist auch du mit dabei – und die Vögel, die Eichhörnchen, die Insekten. Der Himmel und die Erde sind dabei. – *Der ganze Kosmos feiert und freut sich an dieser Schönheit, Herrlichkeit und Würde.*

… *Dein Wesen ist wie ein Baum.* Sein Stamm ist unglaublich stark, und an den vielen Ästen und Zweigen sind Blätter, Blüten und süße Früchte gewachsen. Vögel und andere Geschöpfe wohnen in dir. *Biete ihnen Schutz und gewähre ihnen Zuflucht!* Lass sie sich ausruhen in deinem Schatten und an deinen Früchten naschen! Lade auch Reisende, die erschöpft ihres Weges kommen, zu einer Rast ein! *So kannst du ein Segen für viele Wesen sein.*

Liebe Freundin! Lieber Freund! …

… Du identifizierst dich natürlich sehr mit deinem wundervollen Körper und deinen leuchtenden Gedanken – doch du bist viel mehr. *Du bist lebendiger Geist*, der diesen Körper gestaltet, hervorbringt und durchdringt, der die Gedanken denkt und die Gefühle fühlt. *Du bist ein Wesen voller Wunder und Geheimnissen.* Weder dein Körper noch deine Gedanken können dich ganz fassen.

… *Dein wahres Wesen ist spiritueller und nicht physischer Natur.* Du bist ein *Seelenwesen*, das einen physischen Körper besitzt – und nicht umgekehrt. Frage deine innere Weisheit! Lass dich von ihr inspirieren! Deine Seele ist an ganz anderem interessiert als an deinen materiellen Wünschen. Sie bewegt sich im Licht, und im Grunde interessiert sie nur die *Liebe*.

… *Erhebe dich in das Licht der Sonne, die in deinem Herzen strahlt!* Atme die Wärme und die goldene Kraft dieser Sonne, und lerne dies zu schätzen! Das Licht Gottes erhält und stärkt alle Wesen und reinigt und ernährt auf wunderbare Weise alle Seelen – auch deine.

Liebe Freundin! Lieber Freund! …

… *Du bist ein Kind Gottes.* Du bist ein Kind des Universums. *Gott will dich eindeutig glücklich sehen*, und das Universum ist begierig darauf, dich zu unterstützen. *Erblühe jetzt im Lichte der Liebe* und entfalte dieses einzigartige Potenzial, das so wunderbar in dir angelegt ist! Nur so kannst du wirklich glücklich werden. Nur so ist dein Leben erfüllt.

… *Stärke deine Beziehung zu Gott!* Pflege und fördere sie auf jede nur erdenkliche Weise. Gott ist der Ursprung und das Ziel deines Lebens – Er ist dein wahres Wesen. *Wo immer dir etwas „Göttliches" begegnet und du dir der Gegenwart Gottes bewusst wirst, feiere dies!* Stärke es! Halte es wahrhaft heilig!

… Als Kind konntest du die Verbindung mit deiner ursprünglichen Seelenwirklichkeit unverstellt spüren. *Welch eine Freude und Begeisterung das war! Welch eine herrliche Geborgenheit! Welch ein unverkrampfter, ungetrübter Blick!* All dies ist dir auch noch jetzt möglich – heute, an diesem Tag, in diesem Augenblick. *Schau mit den Augen eines Kindes!*

Liebe Freundin! Lieber Freund! …

… Wenn du eine Bitte an Gott stellen dürftest, um was würdest du bitten? – *Bitte um den grenzenlosen Fluss Seiner Liebe! Bitte um Weisheit und noch mehr Licht!* Bitte um Seine Freundschaft und um Seinen Segen! Bitte um den göttlichen Frieden und um Glückseligkeit! – *All dies gewährt Er dir gerne und sofort.*

… *Gott ist in dir und du bist in Gott.* Mache dir diese Tatsache mehr und mehr bewusst! Atme tief ein und spüre: „Gott ist in mir". Atme ruhig und tief aus und spüre: *„Ich bin in Gott." Atme die Liebe und das Licht Gottes und lass diese Urkraft dein innerstes Herz berühren.*

… Lass deine Ängste und Schuldgefühle los und ersetze sie durch Gedanken an die Gnade Gottes. *Du bist beschützt, und dir ist längst verziehen.* Sorge dich also nicht! *Lebe nun in Liebe und atme das Licht der Heilung!* Mache dich auf zu den Gefilden des Glücks!

Liebe Freundin! Lieber Freund! …

… *Halte dich nicht zurück und schütte Gott vorbehaltlos dein Herz aus.* Du kannst mit Ihm sprechen. *Du kannst Ihm alles sagen, was Du willst.* Wende dich an Gott, denn Er hat Zeit für dich. Er versteht dich – sogar besser als du selbst – und Er verurteilt dich nicht. Erzähle Ihm von deinen Träumen, deinen Sehnsüchten und deinen Wünschen. Du kannst Ihm vollkommen vertrauen.

… Hast du schon einmal die Möglichkeit in Betracht gezogen, dass jetzt – gerade in diesem Augenblick – unsichtbare Wesen und Freunde an deiner Seite sind, um dich zu leiten und dich zu inspirieren? Vielleicht steht dein Schutzengel neben dir oder dein geistiger Führer. *Du bist nicht allein. Liebe und Hoffnung verbinden dich unaufhörlich mit der unsichtbaren Welt.*

… *Alles um dich herum ist Energie.* In einer lebendigen und erstaunlichen Vielfalt an Formen, Farben und Frequenzen hat sich diese Energie in Szene gesetzt und tanzt und spielt nun als eben diese Welt, die du erlebst. *Auch du bist Energie – lebendig, schöpferisch und geistbegabt.* Du hast Anteil an diesem Geschehen. *Du bist mit allem verwoben und vereint.*

Liebe Freundin! Lieber Freund! …

… *Gottes Schaffenslust ist nie zu einem Ende gekommen.* Er kann einfach nicht aufhören, sich ständig weiter zu entfalten und zu erschaffen. *Alles ist ein unaufhörlicher, kreativer Fluss.* Auch du bist dieser Fluss. Vergiss das nicht! Werde nicht müde und bleibe nicht auf halbem Weg stehen. *Fließe weiter, entfalte dich und erschaffe!*

… *Öffne dich jetzt für den Überfluss Gottes. Öffne dich für den mächtigen, grenzenlosen Strom der Liebe!* Öffne dich für dein Glück und nimm es doch endlich an! Alles steht nun bereit und strömt schon auf dich herab. Du musst dich nur noch öffnen.

… Glaube mir: *du wirst geliebt! Unermesslich sogar.* Tag und Nacht wirst du geliebt, und wahre Fluten von Glück und Seligkeit gehen auf dich nieder. Wache jetzt auf und nimm diese Geschenke dankbar an. *Empfange Gottes Segen! Empfange voller Dankbarkeit!*

Liebe Freundin! Lieber Freund! …

… *Das Universum ist reich.* Ja, in Wahrheit fließt es ständig über wie ein Topf kochender Milch. *Es ist wirklich genug für alle da, und niemand muss in Armut leben.* Doch du musst wissen, wie du die Fülle des Universums zu dir rufen und erfahren kannst. Sage: *„Hier bin ich! Ich bin bereit, die Fülle, die Schönheit und den Segen zu empfangen! Ich bin jetzt bereit!"*

… *Du bist würdig und vollkommen berechtigt, all das zu erhalten, was du dir wünschst.* Vertraue nun darauf, dass du es auch bekommen wirst. *Halte dich nicht für wertlos oder nicht gut genug.* Du bist das edelste Geschöpf im Universum. *Du bist ein Kind Gottes.*

… Warum solltest du Armut zu einem Ideal erheben? *Die Welt ist reich. Die Natur ist reich. Gott ist überaus reich.* Er ist der Reichtum selbst – der allerhöchste Reichtum. *Wenn du Reichtum verschmähst und von dir weist, verschmähst du auch Gott* und bleibst ein armer Tropf.

Liebe Freundin! Lieber Freund! …

… *Gott wird alle Energieblockaden und Hindernisse in dir auflösen und wegschwemmen. Seine Liebe ist absolut und bedingungslos.* Sie fließt in grenzenlosem Überfluss – auch und gerade in dir. Du kannst dich so dumm und idiotisch anstellen, wie du willst, Er wird dich dennoch lieben und befreien.

… Wie kannst du deine alten Verletzungen am besten heilen? – *Versenke dich vollkommen in die große Heilquelle, die in dir leuchtet und strahlt, und lass dich erfüllen und durchdringen von ihrem Licht.* Lass dich von ihrer Energie durchfluten! Es ist reine, unverstellte Liebe.

… Du musst nicht jeden Kratzer, den du einmal abbekommen hast, gesondert behandeln. Du musst nicht jeden Schmerz einzeln aufzählen und beklagen. *Gib dich* einfach *in die Heilkraft Gottes hinein und habe großes Vertrauen! Lass die Liebe wirken!* Gott kann Wunder wirken – und das tut Er auch, in jedem Augenblick.

Liebe Freundin! Lieber Freund! …

… *Alle Heilung geschieht letztlich durch Liebe.* Die Liebe ist das magische Lebenselixier, die heilige Medizin, die alles wieder richten kann und wird. *Gottes Liebe ist wirklich allmächtig,* und sie fließt in diesem Augenblick durch deine Glieder. Deine Zellen und dein Geist lachen.

… *In Gott bist du vollkommen gesund.* Sehe dich von Kopf bis Fuß eingetaucht in die Gnade Gottes. *Der Segen Seiner Liebe wirkt in diesem Augenblick in jeder deiner Zellen.* Freude dich darüber! Sei sehr dankbar dafür! *Vertraue vollkommen!*

… *Du bist nun eingetaucht in die Sphäre der geistigen Sonne.* Licht umgibt dich von allen Seiten, und ein großer, unfassbarer Jubel erfüllt deine Seele. *Du bist ein Sonnenmensch* – ein Bewohner des Lichts. Dein Wesen ist endlich befreit und *reine goldene Kraft fließt in deinen Adern.* Ich gratuliere dir!

Liebe Freundin! Lieber Freund! …

… Wenn du den Himmel finden willst und im Himmelreich leben möchtest, musst du ganz einfach *lieben*. Was könnte einfacher und leichter sein als dies? *Die Liebe ist deine Natur. Entspanne dich und lass Gott in dir wirken!*

… *Himmel und Erde durchdringen sich vollkommen.* Sie sind nur zwei Seiten *einer* Wirklichkeit – und diese Wirklichkeit ist Gott. Er umfasst das Alpha und das Omega, den Anfang und das Ende, oben und unten – Yin und Yang. *Er ist das große Geheimnis, das überall wirkt.*

… Wenn du dich verwirrt und durcheinander fühlst, nimm dir doch einen Augenblick Zeit und fühle die Gegenwart Gottes. *Gott ist dir vollkommen nahe. Er ist die Klarheit und Kraft deines Herzens – das Licht deiner Seele.* Er wird all deine Gedanken ordnen und dich wieder auf den rechten Pfad führen.

Liebe Freundin! Lieber Freund! …

… *Heute ist ein guter Tag, all deine Sorgen und Beschwerden abzulegen und aufzugeben.* All dies belastet dich nur und macht dein Leben ungemütlich und strapaziös. *Lass los und stehe in deiner eigenen Kraft!* Belade dich nicht länger mit unnötigen Qualen! *Sei heiter und gelassen!*

… *Eine wunderbare Liebe liegt heute in der Luft.* Sie umgibt dich von allen Seiten. Du bist mitten drin und wirst mit jedem Atemzug von ihr gestärkt und belebt. Spüre einmal ganz achtsam hin! Erkennst du es? Kannst du es wahrnehmen? *Da ist Liebe in der Luft!*

… *Es gibt Momente, die so frisch, geheimnisvoll und wunderschön sind, dass Worte nur stören würden. Lass solche Augenblicke einfach zu! Lass sie frei erblühen! Lass sie geschehen!* Staune und schweige – oder singe vielleicht – aber falle nicht sofort wieder zurück in dein altes Denken und Grübeln.

Liebe Freundin! Lieber Freund! …

… *Golden und lichtvoll ist der Weg der Erfüllung.* Du musst weder leiden noch sterben, wenn du lieben willst. *Wenn du lieben willst, dann musst du einfach lieben.* Es ist das Natürlichste und Schönste der Welt. *Das Herz der Liebe steht dir uneingeschränkt offen.*

… *Spürst du die Sonne der geistigen Welt* – das Licht der Erkenntnis und der Liebe? Dieses Licht strahlt gerade jetzt – in diesem Augenblick. Es berührt die Tore des Herzens, die sich im Nu öffnen und mühelos weiten. *Goldene Sonnenstrahlen erfüllen nun die innersten Kammern deines Seins.*

… *Bade im Licht deines Herzens! Tauche jetzt ein ins Sonnenmeer deiner Seele!* Du bist göttlich, ewig und frei – und kein Leid kann dir geschehen. Lass deine Sorgen los und gleite hinein in das Wunder! Mach dich auf! Wirf die Last deiner Ängste nun ab und *bade ganz nackt und frei wie ein Kind in der Liebe!*

Liebe Freundin! Lieber Freund! …

… *Dieser Augenblick ist der Höhepunkt deines bisherigen Lebens.* Noch nie warst du so reif und weise wie genau in diesem Augenblick. *Feiere dies! Freue dich daran! Sei stolz auf das, was du erreicht hast* und beschließe sogleich, in diesem Wohlgefühl weiterzuwachsen. Da liegen neue Ufer vor dir, neue Abenteuer und neue Erfüllungen. Sie heißen dich willkommen.

… Du brauchst weder Riten und Zeremonien noch althergebrachte Gebete oder Traditionen um *lebendig zu sein*. All dies ist oftmals mehr hinderlich als hilfreich. Lache und springe, wie es dir gefällt! *Singe nach Herzenslust dein eigenes, unverfälschtes Lied! Freu dich an dir selbst und feiere!* Was brauchst du alte, abgetragene Kleider, wenn du nackt und frei in der Sonne tanzen und spielen kannst?

… In jedem Kind, das geboren wird, versucht sich das Leben von Neuem. Sieh nur, mit welch natürlicher Neugier und Schönheit die Kinder spielen! *Auch du bist ein Kind – ein Kind Gottes.* Du bist ein Sohn, eine Tochter des Lebens. *Kannst du die Herrlichkeit spüren, die gerade jetzt in dir strahlt?*

Liebe Freundin! Lieber Freund! ...

... *Zu leben – das ist doch nicht kompliziert. Deinen Weg zu gehen – das ist doch ganz einfach! Geh doch! Los! Worauf wartest du denn! Gehe in Heiterkeit, Liebe und Freude!* – Gehe deinen Weg so natürlich und frei, wie das Blut in deinen Adern fließt und die Luft durch deine Lungen strömt.

... Glaubst du, eine Blume könnte dir erklären, wie es ihr gelingt zu blühen? Könnte die Nachtigall dir wohl ihr Lied erklären oder ein Kind sein Lachen und seine Freude? – Verstehe doch: darum geht es gar nicht! *Um lebendig zu sein, musst du überhaupt nichts verstehen oder erklären können.* Lebe einfach!

... *Den Spaß am Leben musst du dir einfach gönnen.* Du musst ihn geschehen lassen und dich wie ein Kind darüber freuen – still oder laut. *Geh deiner Freude nach, und wenn du ihr wirklich begegnest, dann gib dich ihr ohne Bedenken hin!* Lass sie nur machen!

Liebe Freundin! Lieber Freund! …

… *Tu, was du willst! Alles ist gut. Mach dir nicht so viele Sorgen.* Tu einfach, was du wirklich tun willst. Nur so kannst du erfahren, wie es ist. *Lebe also! Lebe heiter und gelassen! Halte dich nicht zurück!* Nur wer lebt, ist lebendig.

… *Weißt du, dass du ein wahr gewordener Traum des Lebens bist?* Wie hat sich das Leben doch danach gesehnt, einmal durch diese Adern zu fließen, durch diese Augen zu blicken und in diesem Herzen zu pochen! Jetzt ist es wahr geworden. *Das ist ein unglaublicher Grund zur Freude.*

… *Geh dein Leben heiter und gelassen an!* Nichts ist so ernst, wie es auf den ersten Blick scheint. *Etwas ganz Wunderbares und Erstaunliches ist auf dem Weg zu dir*, und du kannst es schon spüren. Du kannst die Liebe fühlen, wie sie dich umtanzt und dich neckt. Du kannst die Schönheit schon schmecken. Mach dich bereit! – *All dies ist jetzt hier* und will sich dir schenken.

*Sei heiter und gelassen
und feiere dein Leben!*

Von Jochen Niemuth außerdem erhältlich:

Jochen Niemuth – „Das Auge der Erleuchtung" – Vorträge zum Weg Band 1 –
ISBN-Nr.: 3-9808818-2-2; Karlstadt, 2003

Jochen Niemuth – „Der Weg der Freiheit" – Vorträge zum Weg Band 2 –
ISBN-Nr.: 3-9808818-5-7; Karlstadt, 2004

Jochen Niemuth – „Der Geist der Stille" – Vorträge zum Weg Band 3 –
ISBN-Nr.: 3-9808818-9-X; Karlstadt, 2004

Jochen Niemuth – „Alles Leben ist heilig" – Vorträge zum Weg Band 4 –
ISBN-Nr.: 3-9810661-3-8; Karlstadt, 2006

Jochen Niemuth – „Das Mandala der Liebe"
(über 50 Mandalaabbildungen in Farbe und Gedichte) –
ISBN-Nr.: 3-9808818-7-3; Karlstadt, 2004

Jochen Niemuth – „Lichtraum"
(über 50 Naturaufnahmen in Farbe und Gedichte) –
ISBN-Nr.: 3-9810661-6-2; Karlstadt, 2007

Jochen Niemuth – „Sei einfach glücklich"
(über 30 Mandala-Rötelzeichnungen und Texte zum Glücklichsein) –
ISBN-Nr.: 3-9810661-9-7; Karlstadt, 2007

Jochen Niemuth – „Sei frei und voller Liebe"
(über 30 Mandala-Rötelzeichnungen und Texte zur Freiheit und Liebe) –
ISBN-Nr.: 978-3-9812392-3-2; Karlstadt, 2008

Jochen Niemuth – „Der Mut zum Leben"
Röll-Verlag, Dettelbach
ISBN-Nr.: 978-3-89754-806-0; Dettelbach, 2009

Bücher erhältlich

im Internet-Online-Shop: *www.mandala-zen.de*

oder bei Dr. Jochen Niemuth

Kurse zum Thema Zen, Mandala, Meditation und Bewusstseinsbildung unter der Leitung von Dr. Jochen Niemuth werden im Zentrum für Meditation und Kreativität – „Zendo am Saupurzel" angeboten.

Zentrum für Meditation und Kreativität in Karlstadt „Zendo am Saupurzel"
Jochen Niemuth
Eußenheimer Str. 23
D-97753 Karlstadt

Tel. 09353-6703
Fax 09353-982378
Internet: *www.mandala-zen.de*
E-Mail: *info@mandala-zen.de*